SV

Max Frisch
»Wie Sie mir auf den Leib rücken!«

Interviews und Gespräche

Ausgewählt und herausgegeben
von Thomas Strässle

Suhrkamp

Erste Auflage 2017

Satz: Satz-Offizin Hümmer GmbH, Waldbüttelbrunn
Druck: CPI – Ebner & Spiegel, Ulm
Printed in Germany
ISBN 978-3-518-42584-8

»Wie Sie mir auf den Leib rücken!«

Inhalt

Vorwort

Schriftsteller sind beliebte Interviewpartner, aus zweierlei Gründen: Zum einen verspricht man sich von ihnen Aufklärung über ihre eigenen Werke. Sie sollen berichten, wie sie auf die Idee oder den Stoff für ihr Buch gestoßen sind, wie sie daran gearbeitet haben, ob sich darin biografische Elemente wiederfinden, welche Interessen sie damit verfolgen usw. Solche Fragen zielen darauf ab, aus dem Mund der Autoren selbst privilegierte Informationen zu erhalten über die Texte, die sie vorlegen. Zum andern erhofft man sich von Schriftstellern in Interviews Aufklärung über die allgemeine Weltlage. Ihnen wird eine Sprecherposition eingeräumt, die nicht in Tagesgeschäfte verstrickt ist und es erlaubt, ebenso unbefangen wie unbestechlich zu aktuellen politischen und gesellschaftlichen Themen Stellung zu beziehen.

Gegenüber etwa Musikern oder Malern haben Schriftsteller den Vorteil, dass sie sich in Interviews in ihrem angestammten Medium ausdrücken können. Der Vorteil hat aber auch seine Tücken: Welchen Status hat das Schriftstellerwort in Interviews? Inwiefern gehört es zum literarischen Diskurs hinzu, oder ist es bloß eine mediale Wortmeldung wie andere auch? In welchem Verhältnis stehen literarischer und publizistischer Text?

Das Schriftstellerinterview ist eine viel beachtete, aber wenig erforschte Textgattung. Ihre Spannbreite reicht vom Interview als eigener Kunstform bis zum Interview als Abfallprodukt der Vermarktungsmaschinerie. So viel steht immerhin fest: Das Schriftstellerinterview ist ein zwitterhaftes Wesen, eine Fortsetzung der Literatur mit den Mitteln der Mediensprache. Nicht zuletzt darin liegt sein Reiz.

*

Max Frisch war ein gefragter Interviewpartner. Sein schriftstellerisches Naturell kam dem Format auch sehr entgegen: Er war ein Autor, über dessen Texten sich umgehend die Frage nach den Entstehungshintergründen, insbesondere den autobiografischen, stellte, und er war ein Intellektueller, der das Zeitgeschehen aufmerksam verfolgte und kommentierte.

Frisch hat ein Schriftstellerleben lang Interviews gegeben. Dabei mochte er sie gar nicht. Das vorstrukturierte Spiel aus Frage und Antwort war ihm zuwider. Lieber führte er Gespräche: mit gleicher Rollenverteilung und offenem Ausgang und Verlauf, ohne Aufzeichnung und Zwang zur letztgültigen Formulierung – Gespräche im Sinne von Begegnungen, nicht im Sinne eines Abrufens von Statements.

Unter Journalisten hatte sich dies herumgesprochen. Nicht selten nehmen sie in den Artikeln darauf Bezug, selbst schon im Titel oder zum Einstieg: *Kein Interview mit Max Frisch … aber ein Gespräch über Mittag bei einem Pot-au-feu – aus der Erinnerung aufgezeichnet von Hans Rudolf Hilty*, lautet die Überschrift eines Beitrags in der linksliberalen NATIONAL-ZEITUNG von 1976.[1] Und Michel Contat begann 1982 ein Interview für LE MONDE DIMANCHE mit der Frage: »Was haben Sie gegen Interviews?« Er bekam zur Antwort: »Für einen Schriftsteller ist es die unbedeutendste Ausdrucksform. Entweder lässt man ihn noch einmal sagen, was er in seinen Büchern oder Artikeln geschrieben hat, und er sagt es natürlich weniger gut. Oder man verleitet ihn dazu, über etwas zu reden, was er nicht kennt, und das ist lächerlich.«[2]

Wer Frisch interviewen wollte, erhielt von ihm mitunter ebenso genaue wie großzügige Auflagen, unter denen das Gespräch stattzufinden hätte. Die BRIGITTE-Redakteurin Heidi Schulze-Breustedt schildert es 1970 so: »Er hat was gegen Tonbänder. Schon das unterscheidet ihn von den meisten anderen schreibenden Leuten. Die nämlich legen zumeist Wert darauf, was sie sagen, silbengetreu abgedruckt zu sehen. Max Frisch dagegen mag nicht zitiert werden. Er mag überhaupt keine Interviews im Frage-Antwort-Stil. Er mag nur Gespräche. ›Lassen Sie uns miteinander reden, dann bin ich Ihr Material, und was Sie daraus machen, ist Ihre Sache …‹ Das sagte er bei einer Zigarre nach gutem Essen in einem Zürcher Spezialitäten-Restaurant.«[3]

Frischs Abneigung gegen das Interview galt der ritualisierten Form ebenso wie der Endgültigkeit, mit der die verschriftlichte Fassung daherkommt. Häufig lesen sich Interviews so, als hätte der Befragte auf alles sofort eine druckreife Antwort parat, ohne Suchen und Zögern, ohne Umschweife und Unsicherheiten. In diese Rolle des umstandslosen Auskunftgebers wollte sich Frisch nicht drängen lassen. Die Lebendigkeit der Gesprächssituation sollte möglichst anschaulich werden.

In einem Artikel von Josef Rennhard, der 1986 für die Zeitschrift BEOBACHTER ein Gespräch mit Frisch führte, werden die Vorbehalte noch genauer gefasst. Die Skepsis bezog sich insbesondere auf das eigene Medium Schrift: »Die Spielregeln für das BEOBACHTER-Gespräch hat Max Frisch schon in einer telefonischen Vorbesprechung klar umschrieben: Kein Fotograf, kein Tonbandgerät, höchstens ein sinngemäßes zusammenfassendes Zitiertwerden. ›Die Leute können ja meine Bücher lesen; Interviews tönen immer so endgültig, so zurechtgestutzt … Am Radio ist es anders, da hört man die Stimme, den Tonfall, das Zögern. Und im Fernsehen ist's nochmals anders, da wird das Ringen um den Ausdruck auch in der Mimik sichtbar …‹«[4]

Zu den grundlegenden Bedenken gegenüber Interviews scheint bei Max Frisch spätestens im letzten Lebensjahrzehnt eine gewisse Müdigkeit hinzugekommen zu sein angesichts der Rolle, die Schriftstellern – und ihm selbst in ausgeprägtem Maß – von Medien und Öffentlichkeit zugeschrieben wird. In den *Entwürfen zu einem dritten Tagebuch* von 1982 findet sich am Ende eines Eintrags, der erbarmungslos auf die verbliebenen Möglichkeiten der eigenen Existenz blickt, die Sequenz aus Frage und Antwort: »Was erwartet man von einem Schriftsteller? / Dass er Interviews gibt.« Im Lebensabendhaus, das er sich gegen Ende des Tagebuchs ausmalt, gibt es dafür jedenfalls keinen Platz. Erleichtert hält er fest: »Ich gebe keine Interviews mehr …«[5]

*

Frischs Widerwille gegen das Interview hatte aber zugleich zur Folge, dass er die Gattung selbst auf die Probe zu stellen begann und ihre ritualisierten Spielregeln aufzulockern versuchte – indem er beispielsweise den Spieß umdrehte und seinem Interviewer Fragen stellte oder indem er die Interviewsituation thematisierte, etwa die Auswirkungen eines mitlaufenden Tonbandes. Am weitesten ging in dieser Hinsicht das filmische Experiment *Max Frisch interviewt sich selbst* (1967), produziert von einem Fernsehteam der BBC, das die Probe auf die Gattung bis zum Kurzschluss trieb: Man sieht Max Frisch einerseits als Interviewer und andererseits als Interviewten, unterschiedlich gekleidet; er stellt sich selbst diejenigen Fragen, die er vermutlich längst nicht mehr hören konnte: »Wie viel privates Material verwenden Sie?« oder »Geht es in *Andorra* um Antisemitismus?« Das Filmdokument ist eine virtuose Parodie auf das Schriftstellerinterview als solches.[6]

Doch bei aller Abneigung gegen das Interview und aller Vorliebe für das Gespräch: Es ist schwierig, eine prinzipielle Unterscheidung zwischen diesen beiden dialogischen Formen zu treffen. Die Übergänge sind fließend. Unter formalen Gesichtspunkten sind Interview und Gespräch oftmals gar nicht auseinanderzuhalten, und auch die besprochenen Themen sind vielfach identisch.

Es lassen sich aber graduelle Unterschiede feststellen, was die Rolle der involvierten Personen und deren Interessenlage betrifft: Während das Interview gezielt auf Auskünfte aus ist, die es beim Interviewten einzuholen gilt, hält sich das Gespräch offener hinsichtlich seiner Schwerpunktsetzungen; während das Interview keine Ebenbürtigkeit bedingt, da es normalerweise eine klare Rollenaufteilung in Interviewer und Interviewte, in Fragende und Befragte gibt, findet das Gespräch zwischen Teilnehmenden statt, die sich gleichermaßen einbringen und idealerweise auf Augenhöhe befinden; und während das Interview auf eine gewisse Schnelllebigkeit setzt, bietet das Gespräch Gelegenheit zu vertieftem Austausch. Vielleicht lassen sich die Unterschiede auf die Formel bringen: Interviews wollen Informationen beschaffen, Gespräche wollen Erkenntnisse befördern.

*

Wenn nun eine Auswahl der Interviews und Gespräche mit Max Frisch erscheint, so geschieht dies vornehmlich aus zwei Gründen: Erstens ist es eine Tatsache, dass Frisch viele Gespräche geführt und viele Interviews gegeben hat; unter einem erweiterten Literaturbegriff sind diese Texte als integraler Bestandteil seines Gesamtwerks zu sehen, waren aber bislang nur sehr verstreut und in einigen Fällen gar nicht oder bloß auszugsweise greifbar. Zweitens zeichnete sich Frisch, wie gerade die Interviews und Gespräche belegen, in seiner Zeitzeugenschaft ebenso wie in seiner schriftstellerischen Selbstreflexion durch eine Grundsätzlichkeit und Weitsicht aus, die seine Äußerungen unvermindert lesenswert machen.

Die vorliegende Ausgabe versammelt erstmals Interviews und Gespräche mit Max Frisch, ohne die Absicht zu verfolgen, sie vollzählig zu dokumentieren. Vielmehr legt die Auswahl den Akzent auf diejenigen Texte, die über den engeren Rahmen ihrer Entstehung hinausweisen und auch für ein heutiges Publikum von Interesse sind. In erster Linie fanden Interviews und Gespräche Aufnahme, die in Feuilletons und Zeitschriften veröffentlicht wurden und in den jeweiligen Fassungen mutmaßlich von Frisch autorisiert sind. Dabei handelt es sich immer um Texte, in denen der Autor in Originalzitaten vernehmbar wird – trotz seiner Ablehnung von Aufnahmegeräten, auf der er glücklicherweise nicht konsequent beharrte. Allerdings muss in vielen Fällen offenbleiben, inwieweit die Aussagen vor der Drucklegung nachbearbeitet wurden.

Keine Berücksichtigung fanden hingegen die zahlreichen journalistischen Erlebnisberichte, in denen eine Begegnung mit Max Frisch geschildert wird, auch wenn sie natürlich Produkte seiner Aversion gegen das situative Zitiertwerden sind. Verzichtet wurde auch auf Transkriptionen von Radio- und Fernsehinterviews, da das Medium Schrift die Lebendigkeit der Gesprächssituation nur unzureichend abzubilden vermag und Frisch sich überdies im Zusammenhang mit den filmischen *Gesprächen im Alter* (1985/86) vertraglich gegen die Veröffentlichung von Transkriptionen gewandt hat.[7]

Ediert wurden die Interviews und Gespräche nach dem Wortlaut der Fassungen, in denen sie in den entsprechenden Feuilletons und Zeitschriften erschienen sind. Es gab keine Eingriffe in den Text, abgesehen von stillschweigenden Korrekturen offensichtlicher Druckfehler und Vereinheitlichungen im Sinne der neuen deutschen Rechtschreibung. Wo sich von Frisch handschriftlich korrigierte oder autorisierte Typoskripte erhalten haben, wurden sie beigezogen und in die edierte Fassung eingearbeitet.

Einige der Texte erscheinen hier zum ersten Mal überhaupt oder zum ersten Mal in voller Länge oder zum ersten Mal in deutscher Sprache. Die näheren Angaben dazu finden sich in den kurzen, kursiv gesetzten Einleitungen des Herausgebers, in denen auch das jeweilige publizistische, zeitgeschichtliche und biografische Umfeld skizziert wird.

*

Es gibt viele Gründe, weshalb Interviews und Gespräche so lesenswert und aufschlussreich sind. Einer davon liegt in der Unmittelbarkeit, mit der die Stimmen der Beteiligten vernehmbar werden – immer im Bewusstsein, dass es sich dabei um eine Inszenierung handelt und auch um ein Spiel mit Intimität und Indiskretion. Man meint den sprechenden Personen bei einer Unterhaltung zuzuhören, als säße man daneben, und erfährt Dinge, die in dieser Direktheit den literarischen Texten nur selten zu entnehmen sind.

Ein Reiz besteht auch in der Vielfalt an Dynamiken, mit denen Interviews und Gespräche verlaufen können, abhängig von den Charakteren, die aufeinandertreffen, und den Rollen, die sie einnehmen. Auf Seiten der Interviewer reicht das Spektrum im vorliegenden Fall vom ehrfürchtigen Stichwortgeber bis zum ebenbürtigen Gesprächspartner und vom munteren Herausforderer bis zum verbissenen Kontrahenten. Entsprechend zeigt sich auch der Interviewte von verschiedenen Seiten. Frisch geht auf jede Frage ein und reagiert auf jeden Tonfall, der ihm gegenüber angeschlagen wird. Er erweist sich als *master conversationalist*, wie sich Jodi Daynard ausdrückt, die ihn in den achtziger Jahren drei Tage lang interviewt hat.[8]

Interviews und Gespräche mit Max Frisch: Das ist auch deshalb ein besonderer Fall, weil Frisch wie kaum ein anderer als Meister der Fragen in die Literaturgeschichte eingegangen ist – der Fragen an sich selbst und an die Leser. Weltberühmt sind seine Fragebögen aus dem *Tagebuch 1966-1971*, die so offen gehalten sind und doch so zielgenau treffen, dass sie eine bleibende Herausforderung bilden. Umso faszinierender, Frisch nun als denjenigen zu erleben, dem Fragen gestellt werden und der Antworten zu finden hat – mitunter gar auf Fragen aus den eigenen Fragebögen.

Nicht zuletzt entsteht aus der Abfolge der Interviews und Gespräche mit Max Frisch eine Skizze seiner intellektuellen Biografie und ein dichtes Geflecht seiner Themen und Positionen. Die zahlreichen Verweise zwischen den Texten lassen die Entwicklungen und Verschiebungen in seinem Denken und Schreiben sichtbar werden. Sei es, dass der Interviewer die Themen aufbringt, oder sei es, dass Frisch selber darauf zu sprechen kommt: Die Interviews und Gespräche drehen sich immer wieder um Vernunft und Utopie, Ideologie und Kritik, Macht und Moral, Hass und Gewalt, Hoffnung und Widerstand, das Politische und das Private, das Ich und die anderen, Mann und Frau, Wahrheit und Wahrhaftigkeit, Fakt und Fiktion, Poesie und Polemik, Fabel und Parabel, Tod und Freitod, Schweiz und Heimat. Im Dialog über diese Themen wird nicht nur die Persönlichkeit von Max Frisch, sondern eine ganze Epoche lebendig – mit Fragen, die bis heute aktuell geblieben sind.

Thomas Strässle

1 Ausgabe vom 30.04.1976, S. 3.

2 »Max Frisch: la subversion par l'écriture«, Interview mit Michel Contat, in: *Le Monde Dimanche*, 19.09.1982, S. IX (Übersetzung des Herausgebers).

3 »›Es kommen aufregende Zeiten – für die Frau‹«, Gespräch mit Heidi Schulze-Breustedt, in: *Brigitte* 5/1970, S. 159.

4 »Ich widerspreche, also bin ich. Max Frisch wird 75«, Gespräch mit Josef Rennhard, in: *Beobachter* 9/1986, S. 90.

5 Max Frisch: *Entwürfe zu einem dritten Tagebuch*, hrsg. und mit einem Nachwort von Peter von Matt, Berlin: Suhrkamp, 2010, S. 27 und 145.

6 Ausgestrahlt vom Bayerischen Rundfunk am 20.04.1969. Siehe https://www.youtube.com/watch?v=o1ZLxOJzeQY.

7 Vereinbarung zwischen Max Frisch und Philippe Pilliod vom 17.05.1985, Punkt 5: »Ausgeschlossen ist die Veröffentlichung des Textes als Transkript.« (Max Frisch-Archiv an der ETH-Bibliothek Zürich)

8 Mail an den Herausgeber vom 12.01.2016.

Gespräch mit einem jungen Autor

(1934)

Den Auftakt macht ein Kuriosum: ein Gespräch mit Max Frisch, an dem er gar nicht beteiligt war. Es ist das früheste und wohl auch wunderlichste Gesprächsdokument, das im Zusammenhang mit Frisch vorliegt. Als er 1934 als 23-Jähriger mit dem Roman »Jürg Reinhart« debütierte, erschien in der NEUEN ZÜRCHER ZEITUNG *ein »Gespräch mit einem jungen Autor«, das sich wie ein Interview liest.*

Tatsächlich handelt es sich jedoch um ein fingiertes Gespräch, in dem sowohl die Fragen als auch die Antworten von EDUARD KORRODI *(1885-1955) stammen, dem damals mächtigen Feuilletonchef der* NZZ. *Mit den Mitteln des Interviews bespricht er Frischs Buch und entwirft ein Porträt des Künstlers als eines jungen Mannes, den er nicht bloß aus dessen Roman, sondern auch aus eigener Anschauung kannte, da Frisch zu der Zeit brotberuflich für die* NZZ *als freier Journalist arbeitete. Es stellt sich nur die Frage, wer eigentlich der Interviewer und wer der Interviewte ist.*

*

MAX FRISCH Herr Doktor, es überrascht mich, dass Sie über mein Buch *Jürg Reinhart* nicht schreiben. Da haben Sie doch in einem Vortrag geklagt, es fehlen der schweizerischen erzählenden Kunst die Rekruten. Und nun, da es Rekruten gibt, mangelt es an Aushebungsoffizieren.[1]

DER ANDERE Mein Kompliment, Herr Frisch. Sie schreiben und reden, wie Sie heißen. In Ihrer Erzählung gibt es des Entzückenden viel, Sie sind ein Zauberer im Buch, wo Sie es mit Erde, Sonne, Mond und Sternen zu tun haben. Wenn Sie das Meer einer Segelfahrt zur Verfügung stellen, so entsteht immer etwas bewegt Schönes. Weder Hilde noch Inge erfahren so viel Aufmerksamkeit der Beschreibung, wo Sie dem Meer antun. Einmal malen Sie das Wasser als »bierflaschengrün«, einmal wie schweren Samt, und wenn die Sonne sich im Meer zerspiegelt, so haben Sie das rechte Bild für »dieses jauchzende Glitzern, als hätte man Quecksilber vergossen«; immer wieder finden Sie für die unerschöpfliche Farbenfreude des Meeres neue Vergleiche. Sie hätten das Zeug in sich, einen Roman ohne Menschen zu schreiben, der sogar kurzweilig wäre – auch wenn Sie statt der Zauberküste Ragusa nur mit dem Zürichsee vorliebnehmen müssten.

[MAX] FRISCH Sie mögen recht haben, die landschaftliche Stimmung mag das Reifere sein, da ein junger Mensch von 22 Jahren vor der Landschaft eher die klärende Entfernung hat als den Mitmenschen gegenüber, die aus der überlegenen Götterperspektive zu sehen und nachzuzeichnen vielleicht erst der Segen eines vollendeten Menschendaseins ist. Aber auch die Menschen des Romans liegen mir sehr am Herzen und andern nicht?

DER ANDERE Ich fände, um kritisch zu sein, Ihre Gestalten interessanter, wenn sie manchmal verschwiegener wären. Jede spricht so geschliffen wie in einem Drama.

MAX FRISCH Mein Roman war auch ein Kammerspiel im ersten Wurf, das zu lyrisch ausfiel. –

DER ANDERE Die Umschmelzung ehrt Ihre künstlerische Selbstkritik. Vielleicht wird in Ihrem Roman zu geistreich gesprochen.

MAX FRISCH Kann man »zu« geistreich sein?

DER ANDERE Wer es »zu« ist, hört auf, es zu sein. Was den Leser an Ihrer Erzählung fesseln wird, ist weniger der spielerische und gekonnte Dialog, als die durchhaltende Anmut, das Fluidum und die Erregtheit Ihres Erzählens, weniger der frühe virtuose Zug als die Redlichkeit, mit der Sie das Bildnis, die éducation sentimentale Jürg Reinharts zu zeichnen sich bemühen. Irre ich mich?

MAX FRISCH Gewiss nicht, wenn Sie herausfühlen, was ich darstellen wollte: das geheimnisvolle Entfalten einer Jünglingsseele, die angesichts des Todes männliche Stärke und Reife erringt; denn es handelt sich um eine Freundin, die unheilbar erkrankt liegt, um eine mütterlich Führende, welche diesen gehemmten Nichthandelnden, dieses Hamletchen der Liebe, hineinreißt in eine große Tat, hineinreißt durch die Gewalt seiner Liebe. Und dass Jürg, der in so viel Gewöhnlichem versagte, dieser ungewöhnlichen Tat gewachsen bleibt, nachdem sie geschehen ist und er ihre Tragweite erkennen muss: darin besteht sein Mannsein, das er also ganz anderswo gefunden hat, nicht im Erlebnis der Frau, welche ihm noch das große Geheimnis bedeutet, sondern in einem Ereignis, das vor allem Mut, Selbstüberwindung und freilich auch Liebe verlangte, aber verzichtende Liebe. Es ist das große Opfer, was uns vielleicht allein den Eingang zum Mitmenschen erschließt, und so wird er einer Freundschaft teilhaftig, die ihn weit übers Geschlechtliche hinaushebt, das ihn zu zerbrechen drohte, einer geläuterten Verbundenheit, die auch über die Grenze zwischen Leben und Tod gilt, ja, die ihm diese so fremd gewesene Welt erst eröffnet und ihn endlich frei macht fürs Leben.

DER ANDERE Möge nun dieser *Jürg Reinhart* würken [sic] und aus seiner insularen Existenz im tätigen Menschenkontakt aufgehen, denn das Leben boxt ihn in aufregende Probleme hinein. Sie jagen ihm ja schließlich auch den Ernst des Lebens in Herz und Hirn, denn nach dem lyrischen Anfang werden Sie tragisch, spannen den dramatischen Bogen, behandeln sogar das Problem des Tötendürfens aus Liebe in einem, wie Sie meinen, erschöpfend motivierten Fall – und überspannen den Bogen Ihrer Erzählung, denn auf dem Raum, den Sie dieser dunkelschweren Episode geben, wird das Schwere nur romanhaft erkannt.

MAX FRISCH Wenn mir aber das wirkliche Leben diese Episode auferlegt hätte? Wenn ich nicht anders konnte?

DER ANDERE Das ist ja das Lebendige Ihrer Erzählung, dass Sie in ihr mitten drin stehen, mitleiden, selbst, wenn Sie im wichtigsten Augenblick mit Ihrem Ebenbild nach Istanbul entwischen und durch falsche und echte Perserteppich-Erlebnisse abgelenkt werden.

*

Jetzt käme wieder Max Frisch das Wort zu. Und zweifellos hätte er Triftiges erwidern können, denn eines so auffallenden Erstlings Fehler – sind ebenso Quellen der Vorzüge. Der Autor scheint aber den Tasso gelesen, ja beherzigt zu haben und Lob und Tadel ertragen zu können. Es spricht für den werdenden Dichter Max Frisch. Und der Andere wünschte sich im Stillen, dass der Autor, seinem Namen treu, etwas Erfrischendes im künftigen Schrifttum werde.

k.

[Jede Zeit hat ihre ideologischen Klischees]

(1959)

Der Schriftsteller und Intellektuelle ENRICO FILIPPINI *(1932-1988) war ein gebürtiger Tessiner, wanderte aber jung nach Italien aus, wo er zunächst bei Feltrinelli als Lektor und später bei der Tageszeitung* LA REPUBBLICA *als Journalist arbeitete. Er war ein bedeutender Vermittler deutschsprachiger Literatur in Italien, nicht zuletzt durch seine zahlreichen Interviews, in denen er sich als ebenso gewandter wie bewanderter Gesprächspartner erwies.*

Mit Max Frisch führte Filippini mehrere Interviews, das erste im Jahr 1959, als bei Feltrinelli die italienische Übersetzung von »Homo faber« erschien (und Frisch kurz davor stand, nach Rom überzusiedeln). Das Interview wurde aber allem Anschein nach nie publiziert. Weitere Interviews folgten in den siebziger und achtziger Jahren. Zudem übersetzte Filippini Frischs »Wilhelm Tell für die Schule«, das »Dienstbüchlein« und einige der Theaterstücke.

Filippini und Frisch verband eine Freundschaft, die über lange Jahre bestand. Als Filippini 1988 im Alter von nur 56 Jahren starb, erschien im CORRIERE DEL TICINO *ein Nachruf Frischs, in dem er den verlorenen Freund würdigt als »Kenner der deutschen Literatur, wach im Zuhören und kritisch im Urteil, auch im Disput noch galant«, und als einen, der »Freude ausstrahlte, Freude an Geist«.*

Das erste Interview der beiden von 1959, das bei den schriftstellerischen Prägungen Frischs ansetzt und bis zu den Rollenspielen des modernen Menschen hinführt, wird hier erstmals in deutscher Sprache veröffentlicht. Textgrundlage bilden die Typoskripte, wie sie im Archivio Enrico Filippini an der Biblioteca Cantonale di Locarno greifbar sind. Die Fragen Filippinis wurden vom Herausgeber des vorliegen-

den Bandes, von dem auch der Titel des Interviews stammt, aus dem Italienischen übersetzt; Frisch selbst wird zitiert nach dem Wortlaut des deutschsprachigen Typoskripts, das nur die Antworten enthält und von Frisch signiert ist.

*

ENRICO FILIPPINI Wenn Sie Ihre intellektuelle Herkunft angeben müssten, den Ursprung Ihrer Inspiration, welche Autoren, welche kulturelle Atmosphäre würden Sie anführen?

MAX FRISCH Mit 23 Jahren habe ich die Schriftstellerei aufgegeben. Nach einem kurzen Studium der Literatur an der Universität Zürich und nach der Veröffentlichung eines konventionellen Erstlings. Zehn Jahre später, als ich es nochmals mit der Schriftstellerei versuchte, war ich Architekt, diplomiert, Inhaber eines Ateliers. Der Kontakt mit der deutschen Emigration in der Schweiz, mit Antifaschisten liberaler, katholischer, kommunistischer Herkunft, und die problematische Lage der Schweiz zwischen Hitler und Mussolini, die Nähe des Krieges, der uns anders vor Augen geführt worden ist als den Kriegführenden, das machte mich zum Schriftsteller, der Bankrott einer Kultur, der wir angehört haben. Das wurde das Thema meiner ersten Stücke *Nun singen sie wieder*, 1945, und *Die Chinesische Mauer*, 1946, auch *Graf Öderland*, 1950, vor allem auch das *Tagebuch 1946-1949*, das eine persönliche und konkrete Registration der Nachkriegszeit und ihrer Hoffnungen versuchte. Also der Ursprung meiner Schriftstellerei war das akute Engagement, wenn auch nicht das Engagement an eine Partei; das naive Vergnügen am Theater kam hinzu, das artistische Interesse, erst später (aus einer gewissen Enttäuschung über das heutige Theater als Institution ohne gesellschaftliche Funktion) das Interesse am Roman. Nicht nur die politische Stagnation in der Schweiz und die Resignation angesichts der deutschen Entwicklung unter Adenauer, sondern auch eine größere Menschenerfahrung führten dazu, dass sich die Thematik verlagerte; ich glaube, mein wesentliches Problem ist die verlorene Identität des Menschen mit sich selbst, *Stiller*, *Homo faber*. Mein bisher letztes Stück *Biedermann und die Brandstifter*, 1957, ist eine politische Komödie des Bürgers, der mit seiner Ideologie nicht mehr identisch ist und daher dem Untergang geweiht.

FILIPPINI Welchen deutsch- oder fremdsprachigen Autoren fühlen Sie sich besonders verbunden?

FRISCH Entscheidend für mich war die persönliche Bekanntschaft mit Brecht.[2]

FILIPPINI In Ihrem *Tagebuch* sprechen Sie von der Möglichkeit, Brechts Thesen zur Verfremdung auf die Epik zu übertragen. Haben Sie es versucht? Könnte man zum Beispiel den Umstand, dass *Homo faber* »Ein Bericht« ist, in diesem Sinne interpretieren, ihn folglich lesen als Versuch, eine Pseudoeinfühlung zu erzeugen?

FRISCH Die These von Brecht, dass das Theater als bewusstes Spiel aufzufassen ist, dass es nicht Illusion gibt, sondern Modell, zielt auf ein Problem, das auch den modernen Romancier beschäftigt, unabhängig von Brecht. Die Notiz[3] aus dem *Tagebuch*, die Sie hervorheben, war eine Notiz einer ersten Ahnung davon. Heute bin ich überzeugt, dass die Epik einen analogen Weg geht: nicht Illusion, sondern Modell. Der Leser braucht nicht zu glauben; erzählt wird ein Spiel, das uns als Spiel bewusst sein soll. Im *Homo faber* wird es dadurch versucht, dass eine höchst unwahrscheinliche Geschichte – unwahrscheinlich wie die antike Tragödie – von einem Ingenieur geschrieben wird im Ton eines Rapportes, was in diesem Fall eine durchaus ironische Form ist. Im *Stiller* liegt die Ironie darin, dass Stiller, der nicht mit sich identisch ist, Stiller beschreibt als eine fremde Person. Aber in Zukunft möchte ich viel weiter gehen! Es müsste gelingen, die Illusion gänzlich aufzulösen, das heißt, ich möchte nicht erzählen, als ob die Geschichte je geschehen wäre, sondern Fiktion erzählen als Fiktion. Der Mensch ist keine Geschichte, oder anders gesagt: jedes Ich hat hundert Geschichten, die nie geschehen sind, und was in Wirklichkeit mit ihm geschieht, ist nur die Folge von Fiktionen. Noch weiß ich nicht, wie man das darstellt.

FILIPPINI Jedes Ihrer Werke enthält auch einen kritischen Beitrag zu unserer Zeit. Denken Sie, dass der Roman heutzutage besonders diesem Zweck dient?

FRISCH Der Roman muss nicht zeitkritisch sein, aber dass er sich eignet für Zeitkritik, ist bekannt.

FILIPPINI Kann die Tatsache, dass Sie Schweizer sind und in der Schweiz leben, dazu beigetragen haben, jenes »Gefühl der Fremde« literarisch fruchtbar zu machen, von dem Sie in Ihrer Rede über *Das Engagement des Schriftstellers heute*[4] sprechen? Und glauben Sie, dass es irgendeinen objektiven Grund dafür gibt, dass, wie es beispielsweise Paolo Milano oder Cesare Cases festgestellt haben,[5] heute die besten deutschsprachigen Romane von Schweizern geschrieben werden?

FRISCH Ich schätze Dürrenmatt als Dramatiker sehr hoch. Warum die Deutschen zurzeit keinen Dramatiker haben, weiß ich nicht. Was Paolo Milano und Cesare Cases sagen mit Bezug auf Dürrenmatt und mich, nämlich dass die beste deutschsprachige Literatur zurzeit von Schweizern gemacht werde, halte ich für einen Irrtum. Es gibt zwei oder drei deutsche Lyriker, junge, von Format, und in der Epik sehe ich auch zwei oder drei jüngere Deutsche am Start, die mir so aussehen, als werden sie Leute wie Robbe-Grillet schon in der ersten Runde überholen. Glauben Sie, dass Robbe-Grillet so bedeutend ist, wie die Franzosen glauben müssen, weil sie ungern über Paris hinausblicken?

FILIPPINI In Ihrer genannten Rede sprechen Sie von der Notwendigkeit einer »Zersetzung der Ideologie«. Sie haben diese Notwendigkeit sehr früh verspürt, sie hat sich Ihnen aufgedrängt, und heute wird diese Notwendigkeit von allen anerkannt. In welchem Ausmaß halten Sie diese Zersetzung für möglich? Kann *Homo faber* in dieser Hinsicht gelesen werden?

FRISCH Zersetzung der Ideologie – das ist ein gefährliches Wort, was ich da gesagt habe. Ich halte es für eine Wirkung jedes echten Schriftstellers, ja, aber ich kann meine eignen Werke nie als Beispiel nehmen, denn sie sind nicht das, was ich will, sondern nur, was ich kann. Darum habe ich es gesagt am Beispiel von Georg Büchner, aber Sie können auch andere große Autoren nehmen, alte und neue. Jede Zeit hat ihre ideologischen Klischees, denen wir mit Ja oder Nein verfallen: beides bedeutet Unheil. Sowohl das Ja wie das Nein verfehlt die Wahrheit. Brecht schrieb über seinen Arbeitstisch: Die Wahrheit ist konkret.[6] Das gilt als Voraussetzung für jede dichterische Produktion, die mehr ist als Publizistik. Der Publizist illustriert eine Ideologie; der Dichter lässt sogar seine eigene Ideologie, ob er will oder nicht, scheitern an der Wahrheit, die konkret wird durch ihn – und damit befreit er Leben.

FILIPPINI Im Hintergrund von *Homo faber* sieht man ein dunkles Schicksal aufblitzen, wohl zerstörerische, antike Mythen. Eine Art von Nemesis. Sehen Sie unsere Zeit bedroht von einer Nemesis dieser Art?

FRISCH Wir sind bedroht, das glaube ich allerdings. Ich habe einen Techniker dargestellt; unter allen Arten von Zeitgenossen ist es der Techniker, dessen Hybris am größten und dümmsten ist. Die Geschichte, die unser Held erleidet, kann nur einem Blinden widerfahren. Nemesis? Sie mögen es so nennen, ja, mit einem Begriff, der ihm fremd ist, nicht weil er zu wenig Bildung hat, sondern weil ihm das Leben fremd ist. Und das Leben ist ihm fremd, weil er ohne den Tod zu leben versucht ... Aber ich will nicht mein eigner Interpret sein! – nur noch dies: Ist dieser Walter Faber, Ingenieur, wirklich der homo technicus, oder spielt er sich nur in diese Rolle hinein? Es gibt ja Rollen, die ein Zeitalter uns anbietet, und Millionen von Menschen übernehmen die Rolle, die ihnen imponiert. Ist es nicht merkwürdig, dass dieser Faber immerzu imponieren will? Imponieren mit seinem »understatement«. Wem imponieren? Sich selbst. Warum? Weil er nicht weiß und nicht zu wissen wagt, wer er selbst ist. Ich glaube, dass die allermeisten Leute seiner Art tatsächlich eine Rolle spielen; sie sind nicht, wie sie tun; sie kokettieren mit ihrem Mangel an Transzendenz; sie sind sehr viel reicher, als sie meinen. Jedenfalls gilt das für Faber; er hätte die Welt erleben können. Ich glaube nicht, dass er der moderne Mensch ist; er posiert einen Typus, den er für den modernen Menschen hält und der eine Fiktion ist.

–

PS.
Warum fragen Sie mich nicht, wo ich am liebsten leben möchte im heutigen Europa? Dann würde ich Ihnen sagen: in Norditalien, Lago di Varese, Lago di Como, Lago di Garda, und vielleicht würde ein Leser, der unser Interview liest, mir schreiben, wo das Haus zu finden ist, das ich suche.

Werkstattgespräch mit Max Frisch

(1961)

Angeregt durch ein Interview mit William Faulkner in der amerikanischen Literaturzeitschrift THE PARIS REVIEW *(vgl. dazu auch* *S. 135)* *beschloss der Schriftsteller* HORST BIENEK *(1930-1990), Werkstattgespräche mit deutschsprachigen Kolleginnen und Kollegen zu führen, darunter Heinrich Böll, Friedrich Dürrenmatt, Uwe Johnson, Marie Luise Kaschnitz, Wolfgang Koeppen und Martin Walser. Grundgedanke der Gespräche war, den individuellen Arbeitsweisen, den »Phasen des schöpferischen Prozesses«, auf die Spur zu kommen. Dazu besuchte Bienek die Autoren an ihren Arbeitsorten und bereitete die Gespräche mit ihnen gemeinsam vor. Sie wurden auf Band aufgezeichnet, verschriftlicht und von beiden Seiten gegengelesen.*

Mit Max Frisch sprach Bienek in dessen römischer Wohnung in der Via Giulia, kurz nach Beendigung von »Andorra«. Im Zentrum von Bieneks Interesse stand Frischs Verhältnis zum Tagebuch, doch berührt das Gespräch auch Grundfragen der modernen Epik und Dramatik oder die Frage nach der fiktionalen Grundlage der Existenz. Seine Eindrücke des Gesprächs schildert Bienek wie folgt: »Frisch ist von wohltuender Sachlichkeit. Ich habe ihm am Vortage meine Fragen gestellt, er hat sich dazu Notizen gemacht und formuliert jetzt präzise und überlegt. Er sitzt da, in einem tiefen Sessel, zieht an seiner Pfeife, die ständig ausgeht, die er aber unermüdlich und sehr geduldig immer wieder anzündet. Es ist Sommer 1961.«

*

HORST BIENEK Herr Frisch, ich darf mit einer ganz einfachen Frage beginnen: Wie kamen Sie darauf, Theaterstücke zu schreiben? Sie haben doch zunächst nur Prosa publiziert. In einer autobiographischen Skizze[7] erwähnen Sie, dass nach der Veröffentlichung des Romans *Die Schwierigen* Kurt Hirschfeld, damals Dramaturg, jetzt Direktor am Zürcher Schauspielhaus, Sie zum Stückeschreiben ermuntert habe. War dies der eigentliche Anlass?

MAX FRISCH Nein. Der eigentliche Anlass, das wissen Sie als Schriftsteller auch, ist geheimnisvoller. Aber Sie haben insofern recht, als Kurt Hirschfeld mich zum Stückeschreiben ermunterte, ohne wissen zu können, dass ich als Gymnasiast meine Stücke geschrieben habe im Tempo eines Lope de Vega; ich war ein Mann über dreißig, Architekt, einer, der nicht seine Lust am Theater, aber seine Hoffnung, die Bühne zu seinem Bauplatz machen zu können, längst begraben hatte. Was heißt Ermunterung? Ich kann einen Maler, zum Beispiel, noch so herzhaft ermuntern, ein Fresko zu versuchen, und es heißt gar nichts, wenn ich ihm nicht eine Wand, so groß wie meine Ermunterung, zur Verfügung stelle. Das hat das Zürcher Schauspielhaus getan, damals die einzige lebendige Bühne deutscher Sprache. Man ließ mich zu den Proben von Brecht, Sartre, Lorca, Giraudoux, Claudel unter der einzigen Bedingung, im Dunkeln nicht zu rauchen und nicht zu husten. Proben, Sie wissen es, sind unwiderstehlich. Zwei Monate später – ich hatte mein Architektur-Atelier und tagsüber keine Zeit – brachte ich mein erstes Stück fertig.

BIENEK Welches war Ihr erstes Stück, und hatten Sie auch gleich damit Erfolg?

FRISCH Nein. Das erste Stück war ein dramatisches und hieß *Santa Cruz*, erst das zweite war ein Erfolg, im Jahre 1946, der Versuch eines Requiems *Nun singen sie wieder*.

BIENEK Sie wechseln das literarische Genre. Einmal

schreiben Sie Prosa, dann wieder ein Theaterstück. Können Sie sagen, was Sie lieber schreiben?

FRISCH Ich bin kein Sonderling. Man tut lieber, was gelingt. Wenn ich Ihnen also sage, ich schreibe jetzt Prosa, so können Sie annehmen, dass ich über mein Theater verzweifelt bin. Ich habe noch nie auf ein Gelingen verzichtet; ich kann es mir nicht leisten. Ich bewundere die Schriftsteller, die es sich leisten, beispielsweise die Vertreter des »no[u]veau roman«, die aus Theorie darauf verzichten, Romane wie Balzac zu schreiben. Aber das gehört nicht zu Ihrer Frage. Ich meine nur: Ich muss das Gelingen nehmen, wo ich es finde.

BIENEK Bleiben wir vielleicht erst einmal bei der Prosa, mit der Sie ja begonnen haben. Ihre erste Veröffentlichung waren *Tagebuchblätter aus dem Brotsack*. Das große *Tagebuch 1946-1949* machte Sie dann eigentlich richtig bekannt. Auch *Stiller* ist eine Tagebuch-Aufzeichnung. Woher kommt Ihre Vorliebe für das Tagebuch?

FRISCH Diese Frage, Herr Bienek, gefällt mir gar nicht. Es stimmt, was Sie sagen: die Form des Tagebuchs, so wie ich es für mich entwickelt habe – ich spreche nicht von dem privaten Tagebuch, das man als junger Mensch einmal geführt und dann vernichtet hat, um der Selbstbespiegelung zwar nicht ein Ende zu setzen, aber eine Grenze; ich spreche vom Tagebuch als literarische Form –, angefangen bei dem erwähnten kleinen Tagebuch eines Soldaten, der 1939 mit dem Überfall der deutschen Wehrmacht auf die Schweiz rechnete, dann das Tagebuch der Nachkriegszeit 1946-49, das über ein Logbuch der Zeitereignisse hinausgeht, das die Wirklichkeit nicht nur in den Fakten sucht, sondern gleichwertig in Fiktionen, schließlich der Roman *Stiller*, vorgelegt als Tagebuch eines Gefangenen, der sich selbst entfliehen will, auch der Roman *Homo faber*, vorgelegt als Tagebuch eines Moribunden –: man kann wohl sagen, die Tagebuchform ist eigentümlich für den Verfasser meines Namens, Sie haben recht – gerade darum behagt mir Ihre Frage nicht. Stellen Sie sich vor, ein Mann hat eine spitze Nase und Sie fragen ihn zuhanden der Leser: Woher kommt Ihre Vorliebe für eine spitze Nase? Kurz geantwortet: Ich habe keine Vorliebe für meine Nase, ich habe keine Wahl – ich habe meine Nase.

BIENEK Schreiben Sie jetzt auch noch Tagebuch?

FRISCH Nein.

BIENEK Tagebuchschreiben verführt zur Ich-Position des Erzählers, die Sie dann schließlich auch im *Stiller* und im *Homo faber* verwenden. Verbinden Sie damit eine besondere Absicht, Suggestion des Stils etwa? Es ist doch interessant, und es hat sicher seinen tiefen Grund, dass sich die heutige literarische Generation mit Vorliebe der Ich-Position bedient.

FRISCH Dazu wäre sehr viel zu sagen. Die Ich-Position des Erzählers: Das ist eine Grundfrage der modernen Epik. Ganz vordergründig gesprochen: Natürlich ist das Erzähler-Ich nie mein privates Ich, natürlich nicht, aber vielleicht muss man schon Schriftsteller sein, um zu wissen, dass jedes Ich, das sich ausspricht, eine Rolle ist. Immer. Auch im Leben. Auch in diesem Augenblick. Jeder Mensch (ich spreche jetzt nicht vom Schriftsteller, sondern von seinem Helden), jeder Mensch erfindet sich früher oder später eine Geschichte, die er, oft unter gewaltigen Opfern, für sein Leben hält, oder eine Reihe von Geschichten, die mit Namen und Daten zu belegen sind, so dass an ihrer Wirklichkeit, scheint es, nicht zu zweifeln ist. Trotzdem ist jede Geschichte, meine ich, eine Erfindung und daher auswechselbar. Man könnte mit einer fixen Summe gleicher Vorkommnisse, bloß indem man ihnen eine andere Erfindung seines Ichs zugrunde legt, sieben verschiedene Lebensgeschichten nicht nur erzählen, sondern leben. Das ist unheimlich. Wer es weiß, hat Mühe zu leben. Wer es nicht weiß, und zum Glück wissen es die wenigsten, hat keine Wahl, da er seine Erfindung von sich selbst nicht als solche durchschaut, und seine ganze Kraft dient dazu, Vorkommnisse herbeizuführen, die seine Erfindung bestätigen – beispielsweise seine Erfindung, ein Pechvogel zu sein, ein schlichter und von keinem Glück begünstigter Mann. Stellen Sie sich vor, ein solcher Pechvogel gewinnt plötzlich das große Los. Was ändert das! Er zweifelt nicht an seiner Erfindung, ein Pechvogel zu sein, sondern er zweifelt an der Lotterie, an der Welt, am Schicksal. Er kann es nicht fassen, kein Pechvogel zu sein, nein, er w i l l es nicht fassen; lieber wird er krank, magenkrank, um auch mit dem großen Los noch ein Pechvogel zu bleiben, oder er verliert die Brieftasche, noch bevor er sich etwas gekauft hat von seinem großen Los. Ich kenne einen solchen Fall. Jetzt erzählt er überall, was ihm zugestoßen ist, und er ist froh um sein Pech. Denn seine Erfindung, ein redlicher und von keinem Glück begünstigter Mensch zu sein, ist ihm jede Summe wert; andernfalls müsste er sich ja ein anderes Ich erfinden, das heißt: er müsste seine ganze Lebensgeschichte nochmals umdichten, alle Vorkommnisse seiner Vergangenheit anders erzählen, nochmals sich selbst erleben, was kostspieliger ist, glaube ich, als der Verlust einer vollen Brieftasche …

Lassen wir das kleine Beispiel. Was ich meine: Jedes

Ich, das erzählt, ist eine Rolle. Das ist es, was ich darstellen möchte. Jede Geschichte, die sich erzählen lässt, ist eine Fiktion. Die Wahrheit ist keine Geschichte, sie ist da oder nicht da, die Wahrheit ist ein Riss durch den Wahn ... Ich weiß nicht, ob ich mich in der Kürze, die geboten ist, verständlich machen kann. Sie haben nach der Ich-Position des Erzählers gefragt und damit getroffen, was mich – und nicht nur mich – vor allem beschäftigt, nämlich die Entdeckung, dass jedes Ich, auch das Ich, das wir leben und sterben, eine Erfindung ist.

BIENEK Das ist ...

FRISCH Darf ich noch etwas dazu sagen?

BIENEK Bitte –

FRISCH Was wir in Wahrheit haben, sind Erfahrungen, Erlebnismuster. Nicht nur indem wir schreiben, auch indem wir leben, erfinden wir Geschichten, die unser Erlebnismuster ausdrücken, die unsere Erfahrung lesbar machen. Dabei glaube ich, und das ist entscheidend für die Möglichkeit der Darstellung: Erfahrung ist ein Einfall, nicht ein Ergebnis aus Vorfällen. Der Vorfall, ein und derselbe, dient hundert verschiedenen Erfahrungen. Offenbar gibt es kein anderes Mittel, um Erfahrung darzustellen, als das Erzählen von Geschichten: als wären es die Geschichten, aus denen unsere Erfahrungen hervorgegangen sind. Es ist umgekehrt. Die Erfahrung erfindet sich ihren Anlass. Wenn man das weiß, kann man sich fragen: Warum erzählen wir stets im Imperfekt? Das ist der Ton der Erzählung: Es war einmal. Vergangenheit ist eine Fiktion, die nicht zugibt, eine Fiktion zu sein. Sie werden zugeben, dass entscheidende Wendungen in einem Leben, genau besehen, auf Vorkommnissen beruhen, die nie vorgekommen sind, auf Einbildungen, erzeugt von einer Erfahrung, die da ist, bevor eine Geschichte sie zu verursachen scheint. Die Geschichte drückt sie nur aus. Der bekannte Vorwurf, dass die Menschen aus der Geschichte nichts lernen, ist in dieser Hinsicht so unsinnig wie aufschlussreich. Übrigens lernen sie das eine und andere, zum Beispiel wie man sich gegen Bomben schützt – aber das ändert die Geschichte nicht. Nur die Erfahrung ändert alles, weil sie nicht ein Ergebnis der Geschichte ist, sondern ein Einfall, der die Geschichte ändern muss, um sie auszudrücken. Die Erfahrung dichtet, und die Dichtung ändert die Welt, wenn auch nicht im vordergründigen Sinn. Wenn Menschen mehr Erfahrung haben als Vorkommnisse, die als Ursache anzugeben wären, offenbart es sich deutlich: sie fabulieren. Wohin sonst sollen sie mit ihrer Erfahrung? Sie entwerfen, sie erfinden, was ihre Erfahrung lesbar macht. Die Welt, je realistischer man sie betrachtet, erscheint als die Folge einer Legende … Nun aber genug davon!

BIENEK Im *Stiller* versuchen Sie die Geschichte eines Menschen zu zeichnen, der seiner alten Existenz entfliehen will, eine Flucht vor sich selbst, oder wie Sie es mit einem Satz Kierkegaards im Motto des Buches sagen: »Darum ist es so schwer, sich selbst zu wählen, weil durch sie, die Wahl, jede Möglichkeit, etwas anderes zu werden … unbedingt ausgeschlossen wird.« Es ist das Problem der verfehlten menschlichen Existenz, das Sie eigentlich nie losgelassen hat und das Sie später immer wieder in anderen Werken variieren. Glauben Sie, dass es für jeden Schriftsteller nur e i n Thema geben kann?

FRISCH Das weiß ich nicht.

BIENEK Wie kommt es dann, dass Sie sich von diesem Thema immer wieder provoziert fühlen?

FRISCH Das ist wieder die Frage nach der spitzen Nase!

BIENEK Haben Sie sich schon einmal an einem Thema versucht, das radikal anders geartet ist?

FRISCH Das habe ich, natürlich. Ich will doch nicht ein Leben lang dieser Max Frisch sein! Bei jeder neuen Arbeit hatte ich das naive Gefühl, dass ich jetzt, Gott sei Dank, ein radikal anderes Thema angehe – um früher oder später festzustellen, dass alles, was nicht radikal misslingt, das radikal gleiche Thema hat.

BIENEK Dann hätte ein Autor, wie Valéry sagt, eben doch nur e i n Thema. Doch ich will weiter fragen: Wie kamen Sie zum Beispiel zum *Stiller*-Stoff?

FRISCH Ich war ein Jahr in Amerika, und da ich ein Stipendium hatte, meinte ich fleißig sein zu müssen. Ich schrieb sechshundert Seiten, die misslangen. Eines Tages, zuhause, tippte ich wie öfters, wenn ich mich langweile und mich unterhalten muss, ein paar Seiten – ziellos, frei von dem beklemmenden Gefühl, einen Einfall zu haben. Nichts geht leichter zugrunde als ein Einfall, der sich selbst erkennt! Das blieben die ersten Seiten vom *Stiller*, unverändert; das Material, das ich zum Weitertippen brauchte, stahl ich aus den sechshundert misslungenen Seiten rücksichtslos, so dass das Buch nach drei viertel Jahren fertig war …

BIENEK Im Grunde liegt Ihr ganzes literarisches Werk schon im *Tagebuch* vor. *Graf Öderland* ist da skizziert, der Entwurf für den andorranischen Juden; *Als der Krieg zu Ende war* entwickelt sich aus einer dort zitierten Anekdote.[8] Wie kommt es, dass Sie immer wieder auf damals entworfene Gedanken und Handlungen zurückgreifen?

FRISCH Ich war damals, wie schon erwähnt, Architekt. Auf dem Heimweg vom Atelier, in einem Café, manchmal sogar im Atelier, wenn die Angestellten es nicht sehen konnten, schrieb ich solche Skizzen wie die Skizze vom andorranischen Jud; abgesehen davon, dass ich nie das hehre Gefühl von Berufung kannte, hatte ich damals gar nicht Zeit, die Entwürfe auszuführen. Ich musste Geld verdienen.

BIENEK Halten Sie die Fabel für sehr wichtig? Im Roman und im Stück? Ich könnte mir vorstellen, dass ein Roman viel mehr von der Sprache lebt, also auch ohne geschlossene Fabel farbig sein kann. Ein Stück aber braucht wohl das Gerüst der Fabel.

FRISCH Ich weiß nicht. Wenn ich Hunger habe, halte ich Fleisch für wichtig, wenn ich Durst habe, halte ich Whisky für wichtiger. Freilich halte ich die Fabel für wichtig, wenn ich eine habe, wie beispielsweise in meinem neuen Stück *Andorra*. Wenn es ohne Fabel gelingt, halte ich sie nicht für wichtig. Auf Dogmen ist kein Verlass bei mir.

BIENEK Fabeln – schreiben Sie in Ihrem *Tagebuch*[9] – gibt es genug. Es kommt aber auf das schöpferische Temperament an, das an die Fabel herantritt, erwägend, ob es sich für das Theater oder den Roman eigne. Das Temperament ist schon die Entscheidung. – Ist Ihnen gleich bewusst, welche Form Sie einem Stoff zu geben haben?

FRISCH Ich habe keine bewusste Wahl. Ich muss mich an die Einfälle halten. Das ist gemeint mit dem Satz: »Das Temperament ist schon die Entscheidung.«

BIENEK Wie kommt es, dass Sie z. B. eine Fabel zunächst für ein Hörspiel angesehen haben, dann aber für einen Roman, wie etwa mit *Rip van Winkle*, aus dem heraus sich der *Stiller* entwickelte?

FRISCH Das war anders, ich muss Sie enttäuschen, viel banaler. Ich arbeitete am Roman und brauchte Geld, hatte keine Idee für ein Hörspiel, ich stahl es also aus dem werdenden Roman.

BIENEK Gut. Einmal aber war es erst ein Hörspiel, dann wurde daraus ein Theaterstück? Der *Biedermann* zum Beispiel.

FRISCH Der *Biedermann* hat eine lustige Geschichte. Erschöpft vom *Homo faber*, der eben fertig war, fühlte ich mich nicht fähig, sogleich an das große Stück vom andorranischen Juden zu gehen. Auch hatte ich lange nicht für die Bühne geschrieben, Fingerübung war vonnöten. So nahm ich das Hörspiel, um zwei Monate lang meine Fingerübung zu machen, die dann über 70 deutsche und viele fremdsprachige Bühnen ging; ich habe nicht damit gerechnet, dass ich von diesem Haarölschwindler leben werde.

BIENEK Eine so dramatische Anekdote wie der andorranische Jude genügte Ihnen zunächst als Tagebuch-Mitteilung. Dann aber machten Sie daraus ein Drama. Wie geht so etwas vor sich? Können Sie versuchen, solch eine Entwicklung ein wenig zu skizzieren. Ich weiß, dass es recht schwierig ist ... vielleicht nur andeutungsweise ...

FRISCH Erst nach Jahren, nachdem ich die erwähnte Tagebuchskizze mehrere Male vorgelesen hatte, entdeckte ich, dass das ein großer Stoff ist, so groß, dass er mir Angst machte, Lust und Angst zugleich – vor allem aber, nachdem ich mich inzwischen aus meinen bisherigen Versuchen kennengelernt hatte, sah ich, dass dieser Stoff m e i n Stoff ist. Gerade darum zögerte ich lang, wissend, dass man nicht jedes Jahr seinen Stoff findet. Ich habe das Stück fünfmal geschrieben, bevor ich es aus der Hand gab.

BIENEK Was haben Sie im Stück, im Unterschied zur Tagebuchnotiz, wesentlich verändert?

FRISCH Eine erste Grundskizze, gekritzelt auf eine Zigarettenschachtel, und dann die vergrößerten Baupläne mit genauen Maßen und genauen Materialangaben, das ist der Unterschied.

BIENEK Warum nennen Sie das Stück jetzt nur noch *Andorra*? Glauben Sie nicht, dass die Beziehung zu jenem Kleinstaat Andorra Missverständnisse erzeugen kann?

FRISCH *Andorra* ist kein guter Titel, der bessere fiel mir nicht ein. Schade! Was den Kleinstaat Andorra betrifft, tröste ich mich mit dem Gedanken, dass er kein Heer hat, um die Länder, die das Stück spielen, aus Missverständnis überfallen zu können.

BIENEK Sie haben Ihr erstes Hörspiel geschrieben, ohne vorher je eines gehört zu haben, sagten Sie einmal.[10] Blieb das weiterhin so? Oder verfolgten Sie dann die Produktionen Ihrer Kollegen? Was haben Sie überhaupt für Erfahrungen mit dem Hörspiel gemacht?

FRISCH Ich habe keinen Rundfunk. Ich bin ein schlechter Kollege. Dabei weiß auch ich, dass es dichterische Hörspiele gibt, und bewundere Günter Eich und andere. Vom Lesen. Ich ziehe, als Schreiber und als Zuhörer, das Theater vor: Ich möchte das Publikum sehen, dabei sein beim Zusammenprall von Werk und Publikum. Das ist nicht alles, aber auch nicht das Letzte, was mich am Theater verlockt: die unverborgene, sichtbare, öffentliche Konfrontation eines Werkes mit seiner Zeitgenossenschaft – auch wenn man kein Sophokles ist und die Leute im Parkett, ich weiß, keine Athener sind.

BIENEK Haben Sie vom Theaterbesuch für das eigene Stückeschreiben lernen können? Oder haben Sie jemals praktische Theaterarbeit geleistet, Regie geführt?

FRISCH Ich habe nie Regie geführt. Ich kann dem Schauspieler nichts vormachen. Ich kann nur die Fehler sehen und schweigen, was anstrengend ist, oder bewundern und danken. Ab und zu, mag sein, kann ich etwas helfen. Aber eigentlich bin ich bei den Proben nur dabei, um das Handwerk des Theaters zu lernen, immer in der Hoffnung auf das nächste Stück.

BIENEK Was meinen Sie dazu, dass die Kritik Sie häufig mit dem Namen Brecht in Zusammenhang bringt? Haben Sie aus seinen Theorien (Verfremdung, episches Theater etc.) etwas für Ihre Bühnen-Methode lernen können?

FRISCH Nicht aus seinen Theorien, die nur im Zusammenhang mit seinem Werk bedeutend sind, aber aus seinem Werk habe ich gelernt, was heute großes Theater ist. Gelernt? Man lernt genau so viel, als man selber kann.

BIENEK Was halten Sie vom sogenannten absurden Theater, z. B. von Ionesco?

FRISCH Das absurde Theater (ich bin froh, dass Sie Ionesco und Beckett nicht im gleichen Atemzug nennen!) ist ein großes Vergnügen, und das Theater soll ja auch ein Vergnügen sein. Je absurder es auf der Bühne zugeht, umso natürlicher und verdaulicher erscheint uns die Wirklichkeit, was natürlich ein Vergnügen ist; man braucht sich mit der Wirklichkeit beispielsweise unserer politischen Verhältnisse gar nicht zu befassen. Wenn ich Diktator wäre, würde ich nur Ionesco spielen lassen. – Da ich seinen Namen erwähnt habe: Beckett halte ich für einen großen Dichter.

BIENEK Ihr Landsmann und Kollege Friedrich Dürrenmatt sagt – ebenfalls in einem solchen Werkstattgespräch –, dass er sehr froh darüber ist, dass es den Frisch gibt, weil eine neue Arbeit von Ihnen auch ihn zu einem neuen Stück, in einer Art Wettbewerb, anspornt.[11] Geht es Ihnen ebenso?

FRISCH Die Nachricht, die Sie von meinem Freund Dürrenmatt bringen, freut mich von Herzen. Ab und zu zweifle ich an meiner Stückeschreiberei; aber da ich nun weiß, dass ich Dürrenmatt zu seinen Stücken, die ich bewundere, wettbewerbshalber ansporne, reizt es mich natürlich auch, Dürrenmatt nicht im Stich zu lassen. Im Ernst, ich glaube, ich hätte meinen *Biedermann* nicht geschrieben, wenn ich meinen Freund nicht so herzlich beneiden könnte wie zurzeit keinen andern.

BIENEK Ist es vielleicht nur ein Zufall, dass gerade zwei Schweizer Dramatiker heute das deutschsprachige Theater repräsentieren, oder glauben Sie, dass es politische Gründe haben könnte?

FRISCH Ich weiß nicht, Herr Bienek, ob nicht heute Abend, während ich diese bekannte Frage bedenken und mit historisch-politischen Ausführungen beantworten soll, ein deutscher Schriftsteller die letzten Seiten eines Stückes tippt, das die bekannte These, dass zwei Schweizer das deutschsprachige Theater repräsentieren, soeben über den Haufen wirft.

BIENEK Ich hoffe es mit Ihnen. – Doch was könnten die Ursachen sein, dass es so wenige jüngere deutsche Autoren für das Theater gibt?

FRISCH Das Theater, im Gegensatz zur Lyrik, bezieht sich immer auf eine Gesellschaft. Schon äußerlich. Es braucht keineswegs eine bejahte Gesellschaft zu sein, aber eine, die sich stellt. In der Schweiz zum Beispiel ist es nach wie vor das Bürgertum. Welche Gesellschaft soll ein deutscher Stückeschreiber sich zum Partner nehmen, nachdem die bürgerliche Gesellschaft, die Brecht mit der *Dreigroschen-Oper* noch benutzen konnte, im Nationalsozialismus sich selbst begraben hat, ohne dass eine andere Gesellschaft – und wäre es auch nur als Entwurf – daraus hervorgegangen ist? Der Stückeschreiber, um sich entzünden zu können, muss wissen, wer im Parkett sitzt. Aristophanes hat es gewusst, Molière hat es gewusst; noch die Stückeschreiber der deutschen Zwanzigerjahre haben es gewusst. Lorca hat es gewusst, die Franzosen von heute, die Engländer wissen es. Wer ist Kreon in Deutschland oder Aegisthos? Einer kann hierzu seine Meinung haben, aber wo sieht das Volk heute seinen Kreon, das Volk im Parkett? Das Theater (wenn Sie mich jetzt richtig verstehen, nämlich buchstäblich) ist eine politische Anstalt; es setzt eine Polis voraus, die sich bekennt … Ich will nicht zu ausführlich werden. Nur dies: Theater ist Auseinandersetzung mit einer Gesellschaft, die ihr Bekenntnis lebt oder korrumpiert, und der deutsche Stückeschreiber hat es zurzeit schwer, scheint es, herauszufinden, welches Bekenntnis hier gelebt wird – oder korrumpiert; denn Korruption (beispielsweise der Demokratie) gibt es ja nur, wo die Sache, die korrumpiert wird, andererseits ernsthaft geglaubt wird. Komödie oder Tragödie, beides setzt ein öffentliches Wertbekenntnis voraus, eine Gesinnung, ob sie mir passt oder nicht. Es gibt, meine ich, kein Drama vor Tarnkappen – oder es bleibt das absurde Theater.

BIENEK Ich möchte noch einmal auf Ihr Tagebuch zurückkommen. Dort ist auch ein Entwurf für einen

Film mit dem Titel *Harlekin*. Haben Sie schon einmal für den Film gearbeitet?

FRISCH Nein, das heißt, genauer gesagt, ich habe einmal ein Drehbuch begonnen zu schreiben, aber ich bin dann ausgestiegen, und als ich den Film sah, war ich froh drum.[12]

BIENEK Der Film wurde aber gedreht?

FRISCH Er wurde gedreht und gespielt, und ich verschweige den Titel!

BIENEK Und Ihr Name wurde auch genannt?

FRISCH Nein.

BIENEK Was für Erfahrungen haben Sie gemacht, wenn Ihre Stücke im Fernsehen aufgeführt werden, so etwa der *Biedermann*, die *Chinesische Mauer*. Reizte es Sie nicht, einmal ein Stück direkt für den Fernsehschirm zu schreiben?

FRISCH Nein! Ich habe zu schlechte Augen für den Fernsehschirm, das flimmert mir immer.

BIENEK Romane oder Stücke, die sich zum Verfilmen eignen, müssen sie notwendigerweise weniger künstlerisch und anspruchsvoll sein?

FRISCH Die Franzosen, scheint mir, beweisen das Gegenteil.

BIENEK Wie kommt es, dass die Amerikaner die großen Romane von Hemingway, Faulkner, Steinbeck, Miller verfilmen, die Deutschen ihre Autoren wie Böll, Koeppen oder Frisch aber nicht?

FRISCH Das weiß ich nicht – Ehrenwort.

BIENEK Ich auch nicht. Was mögen nur unsere Produzenten für Bücher lesen … Manchmal hat man das Gefühl, außer Illustriertenromanen keine. – Doch etwas anderes: In Ihrem Tagebuch notieren Sie in Nîmes: »Muße und Wohlleben sind unerlässliche Voraussetzungen aller Kultur.« Das ist gewiss nicht neu. Aber da Sie es so prononciert sagen, möchte ich Sie als distanzierten Beobachter fragen: glauben Sie, dass die Kunst, insbesondere die Literatur in Deutschland nach dem Kriege, wie es manche Kritiker so gern sagen, so wenig gewichtig ist, weil es den Deutschen an Muße und Wohlleben fehlte? Jetzt haben sie zumindest das Wohlleben …

FRISCH Ich habe mich geirrt, scheint es. Das Wohlleben allein genügt offenbar noch nicht. Ich weiß auch, woher mein Irrtum kommt: Ich habe damals durchaus nicht so wohlgelebt, wie man heute in Deutschland wohllebt.

BIENEK Noch eine letzte Frage: Was hat Sie bewogen, sich hier in Rom niederzulassen. Hat Rom ein Klima, eine Atmosphäre, die dem Schreiben förderlich ist? Ich frage deshalb, weil es auffällig ist, wie viele deutsche Schriftsteller eine Affinität zu Rom haben.

FRISCH Ich bin Zürcher. Aber Rom, Sie sehen es ja, ist auch ganz schön. Vorläufig bin ich sehr glücklich hier. Goethe hat hier, wenn ich nicht irre, am *Egmont* geschrieben, Gogol hat hier *Die toten Seelen* geschrieben, der junge Thomas Mann seine deutschen *Buddenbrooks* – es kann also, wenn mir nichts gelingen sollte, nicht an dieser Stadt liegen.

Und wenn ich noch etwas sagen darf: Es ist sehr bekömmlich, unter einem Volk zu leben, das man täglich liebt, vielleicht weil man es nicht ganz versteht oder weil es durch seine konkrete Humanität wirklich liebenswert ist. Sagten Sie vorher nicht, dass die deutsche Literatur heute als nicht sehr gewichtig betrachtet wird? Ich habe das auch oft gelesen. Gestatten Sie mir als Schweizer, diese Selbstzerknirschung nicht mitzumachen. Es gibt eine heutige deutsche Literatur, wenn man sie aus einer Distanz betrachtet, wo der literarische Klatsch einigermaßen unhörbar wird – und auch darum, sehen Sie, bin ich gern in Rom.

Soll der Onkel auf die Barrikade steigen?

(1964)

In Teilen der Schweizer Öffentlichkeit verfestigte sich schon früh die Auffassung, Max Frisch leide über Gebühr an der Schweiz. Es entstand das polemische Bild eines Autors, der zwanghaft mit seiner Heimat abzurechnen hatte und irgendwann das Unbehagen im Kleinstaat mit dem Leben im Ausland vertauschte. Diese Legendenbildung, die spätestens mit dem Roman »Stiller« (1954) einsetzte, ist auch Anlass des Gesprächs, das der Journalist GERARDO ZANETTI *(*1938) für die Zeitung* DIE WOCHE *im Jahr 1964 mit Frisch in Rom führte.*

Der Einleitungstext zum Interview bringt die Problematik im Kontrastverfahren auf den Punkt: »Während sein ebenfalls berühmter Landsmann und Kollege Dürrenmatt zum nationalen Denkmal heranwuchs, wurde Max Frisch je länger, je mehr zum helvetischen Gottseibeiuns, zu jenem Typ von Intellektuellen mit all den negativen Eigenschaften, welche die ›öffentliche Meinung‹ dieser Spezies von Zeitgenossen seit Jahr und Tag zuschreibt: Die Skala geht vom ›ewigen Stänkerer‹ über den ›vaterlandslosen Gesellen‹ bis zum ›potentiellen Landesverräter‹. Dabei ist nicht bekannt, dass Max Frisch bedeutend bösere Dinge über die Schweiz gesagt hat als sein Kollege Dürrenmatt. Dabei hat Dürrenmatt unseren geistigen Augiasstall beschrieben und nicht Frisch. Dabei hat Dürrenmatt die rächende Frau Zachanassian zu den Güllener Gelddemokraten geschickt und nicht Frisch. Gut, vielleicht war Frisch etwas spitzer, absoluter, ungeduldiger, engagierter. Vielleicht hat er es allzu direkt formuliert […].«

In seinem Interview konfrontiert Zanetti Frisch mit seinem eigenen Bildnis, an dem sich, gerade im Kontrast zu Dürrenmatt, inner-

halb der Schweiz bis heute wenig geändert hat – und bringt ihn dazu, »wieder einmal sehr viel« über die Heimat zu sagen …

*

GERARDO ZANETTI Sind Sie Frisch? Sind Sie jener Max Frisch, der innerlich und äußerlich emigrierte, weil die Schweiz ihn enttäuschte?

MAX FRISCH Es ist schon eigenartig. Wenn jemand aus der Schweiz mich besuchen kommt, folgt fast immer früher oder später im Verlauf des Gesprächs diese Frage. Und immer wieder erkläre ich ausdrücklich, dass es mich in erster Linie nach Rom verschlug, weil es mir hier gefällt. Und wenn ich demnächst weiterziehe – nach Deutschland oder England –, dann eben aus dem einfachen Grunde, weil es mir gefällt, dorthin zu gehen. Zugegeben, das Thema Schweiz bringt mich nicht auf produktive Touren, und das mag mit ein Grund sein, warum ich die Schweiz verlassen habe. Honegger[13] ging auch nach Paris, Böcklin auch nach München. Warum soll ich nicht nach Rom gehen dürfen? Viele Leute glauben, meine Hauptbeschäftigung bestehe darin, böse über die Schweiz zu sein. Dieses Missverständnis hat, glaube ich, mit dem *Stiller* begonnen. Man begriff nicht, dass die Absage Stillers an seine Herkunft zur Gestalt des Romans gehörte, dass Stiller – je negativer er auf sein Land reagierte – sich umso mehr als Schweizer verriet. Aber in der Schweiz hat man sich noch nicht daran gewöhnt, Literatur zu haben, die nicht in der oder jener Form Propaganda für die Schweiz ist. Eine Diskussion findet nicht statt. Man verwirft oder klatscht Beifall; und damit ist es getan. Diskussionen, wie sie in Deutschland und auch anderswo um neue Romane, um Ansichten entbrennen, gibt es bei uns nicht.

ZANETTI Wenn dem so ist, wäre es dann nicht an der Zeit, dass jemand Krach schlagen würde?

FRISCH Natürlich wäre es Zeit, höchste Zeit sogar. Die Diskrepanz zwischen der offiziellen und der tatsächlichen Schweiz ist meiner Ansicht nach noch nie größer gewesen als jetzt, die offizielle Meinung von der wirklichen Meinung der Leute noch nie so weit entfernt. Man kann doch nicht einen Patienten heilen, indem man ihn immer weiter von der Realität wegführt. Unsere unbewältigte Vergangenheit ist unbewältigter denn je. Ich glaubte, mit *Andorra* einen harten Brocken geliefert zu haben. Das Stück ging gut über die Runde, mit Kritik, Beifall und allem, aber es wurde nicht als eigenes Problem erkannt. Man hat die Realität nicht begriffen. Realität gibt es in der Schweiz nur im Geschäftsleben. Sobald das Wort Schweiz fällt, geht der Vorhang hinunter. Was bleibt, ist Mythos. Wer soll Krach schlagen? Da kommen immer wieder Leute, vor allem junge, die meinen, der Onkel Max in Rom soll wieder einmal auf die Barrikaden. Ich bin dagegen. Ich würde ja doch nur jene bestätigen, die ohnehin schon zu wissen glauben, »wer en Fötzel isch«.[14] Ich weigere mich, Minister ohne Portefeuille zu sein und andere Pflichten zu haben als andere Schweizer auch. Die junge Generation soll heute auf die Barrikaden.

ZANETTI Apropos Barrikaden – in der Schweiz hat man seinerzeit mit einiger Verwunderung zur Kenntnis genommen, dass Sie nicht zu den Unterzeichnern des Schriftsteller-Manifestes gegen die Atombewaffnung[15] gehörten?

FRISCH Ich begreife die Verwunderung. Ich habe beide enttäuscht, Gegner und Befürworter. Die einen, weil sie nicht »natürlich der Max Frisch!« sagen konnten, und die andern, weil sie sich gewissermaßen verraten fühlten.

Meine Weigerung, dieses Manifest zu unterschreiben, hat zwei Gründe. Der eine ist der, dass mich der Text des Manifestes nicht überzeugt hat. Ich wollte einen eigenen Text formulieren und einmal grundsätzlich den Sinn oder Unsinn einer schweizerischen Atombewaffnung zur Debatte stellen. Ich wollte festgehalten haben, dass im Zeitalter der großen Blockbildung die militärische Ohnmacht des Kleinstaates in einem allfälligen atomaren Krieg eine Realität ist, dass die atomare Bewaffnung der Schweizer Armee auf das Gleichgewicht der beiden Atom-Weltmächte und auf die Verhinderung eines Atomkrieges ohne jeglichen Einfluss bleibt. Und dann hätte ich beifügen wollen, dass sich die Schweiz ihr Selbstbewusstsein nicht zu holen versuchen soll, wo es nicht zu holen ist, sondern beispielsweise als treibende Kraft einer Gruppe atomfreier Staaten.

Ich habe es nicht gesagt, weil ich wusste, dass eine Diskussion über solche Fragen ohnehin nicht stattfinden würde, und weil ich Schriftsteller-Manifeste als etwas Fragwürdiges ansehe. Ich glaube nicht, dass man von einer schriftstellerischen Begabung unbedingt eine Autorität im politischen Urteil herleiten kann.

Es gibt genug Beispiele, die zeigen, wie Schriftsteller versagt haben. Ich spreche allerdings den Schriftsteller-Manifesten nicht in allen Fällen die Wirksamkeit ab. Sie haben bestimmt als ad-hoc-Rarität bei ganz schwierigen Situationen eine Wirkung. Aber man soll sein Pulver sparen. Wenn es allzu oft ›chlöpft‹, dann gewöhnt sich das Publikum ans ›Chlöpfen‹.[16]

ZANETTI Sie haben von »Pulver sparen« gesprochen – wird es einmal ›chlöpfen‹?

FRISCH Ich glaube schon. Die Geschichte wird sicher einmal den Tag heranbringen, an dem ich es hochgehen lasse. Das kann aber noch lange dauern. Momentan beispielsweise möchte ich lieber Goldwater[17] stoppen als den Nationalrat ändern. Aber trotzdem, ich fände es höchste Zeit, dass die Schweiz sich einmal den Spiegel vorhalten ließe. In einer Repräsentativ-Umfrage könnte man beispielsweise einmal feststellen lassen, was die Welt, Persönlichkeiten des Geisteslebens aus allen Ländern, von der Schweiz denken. Ich glaube, wir würden eine böse Überraschung erleben. In Deutschland wurde kürzlich eine Umfrage gemacht, welche Nachbarn der Deutschen beliebt, welche weniger beliebt sind. Auffallend dabei war, dass die Schweiz überhaupt nicht erwähnt wurde.

Womit ich wieder einmal sehr viel über die Schweiz gesagt habe, obwohl ich das gar nicht gerne mache. Die Beschäftigung mit der Schweiz wird immer wieder an mich herangetragen. Dabei hat sie mir noch nie schlaflose Nächte bereitet. Und so entstand auch die Legende vom innerlich und äußerlich emigrierten Max Frisch, von dem seine Freunde erwarten, dass er auf die Barrikaden steigt, obwohl er gar kein Bedürfnis danach hat.

ZANETTI Darf ich wissen, ob sich Ihr neuer Roman *Mein Name sei Gantenbein* mit einem spezifisch schweizerischen Thema befasst?

FRISCH Nein. Auch der Eindruck, bei Gantenbein handle es sich um eine politische Figur, ist falsch. Ursprünglich hatte Gantenbein diese Möglichkeit, aber ich habe sie dann verworfen. Doch lassen wir das. Warten wir den Roman ab. Er erscheint am 1. September.

Wir müssen unsere Welt anders einrichten

(1967)

Angesichts einer von vielen Formen des Hasses geprägten Welt führte der Journalist und Buchautor ALFRED A. HÄSLER *(1921-2009) mit bedeutenden Persönlichkeiten seiner Zeit (darunter Ernst Bloch, David Ben-Gurion, Herbert Marcuse und Alexander Mitscherlich) eine Reihe von Gesprächen unter dem Titel »Leben mit dem Hass«, die 1967 und 1968 in der unabhängigen Schweizer Tageszeitung* DIE TAT *und 1969 gesammelt bei Rowohlt in Buchform erschienen. Häsler selbst war bekannt geworden durch seine 1967 veröffentlichte Studie »Das Boot ist voll«, in der er die schweizerische Flüchtlingspolitik 1933-1945 anprangerte.*

Auch mit Max Frisch unterhielt er sich über Erscheinungsformen, Ursachen und Auswirkungen des Hasses. Die zeitgeschichtlichen Hintergründe (unter anderem die Rassenkonflikte in den USA, *der Antikommunismus, der Sechstagekrieg, der Vietnamkrieg) werden im Gespräch selbst thematisiert und kommen stellenweise auch in einer für die heutige Leserschaft befremdlichen Wortwahl zum Ausdruck, etwa in der Verwendung des Worts »Neger«. Dennoch übersteigt das Gespräch seine tagesaktuellen Bedingtheiten und dringt bis zu den existenziellen Dimensionen des Hasses und seinen übergreifenden politischen Implikationen vor.*

*

ALFRED A. HÄSLER Wie würden Sie, Herr Frisch, den Hass definieren?

MAX FRISCH Ich bin kein Philosoph, nicht einmal Systematiker, ich kann nicht definieren. Übrigens meine ich, dass ich selten hasse; genauer: nur kurzatmig, sofern Hass sich auf eine Person bezieht. Als Hassender liegt mir dringender an Versöhnung, als wenn ich der Gehasste bin. Hass als Stichflamme, das kann für Augenblicke erhellen, auf die Dauer verdummt er mich: als Hassenden, nicht als Gehassten. Trotz einer natürlichen Dosis von Selbsthass bin ich vorerst erstaunt, wenn ich mich von jemand (ohne dass ich ihm je ein Bein gestellt habe) gehasst finde. Habe ich mit Sympathie gerechnet? Auch nicht. Was erstaunt, ist die unerwartete Intensität einer einseitigen Beziehung. Der Reflex ist nicht Gegen-Hass, aber Wachheit, vielleicht Verwirrung, jedenfalls nichts Lähmendes, sondern etwas Aufrüttelndes. Ich habe das Gefühl, er fördere mich. – Etwas anderes ist der Hass gegen eine Institution, da wird unser Hass selbst eine Institution, somit von Dauer, er sanktioniert sich als Gesinnung.[18]

HÄSLER Sehen Sie berechtigte Ursachen, die in der Vergangenheit und in der Gegenwart zum Hass führten beziehungsweise führen?

FRISCH Aber sicher. Der Hass der Unterdrückten in der Vergangenheit und in der Gegenwart und in der Zukunft ist berechtigt, notwendig. Ohne Hass wäre die Bastille nie gestürmt worden. Hass ist unter Umständen die einzig mögliche Antwort, eine produktive Kraft in der Geschichte. Die Bitte um Liebe oder auch nur Menschlichkeit hat noch keine Tyrannis gestürzt. Es ist klar, dass die Herrschenden in dem Hass, den sie durch die Art ihrer Herrschaft verursachen, eine Untugend sehen und also strikte für die Tugend sind, die sie nicht stürzt, die Tugend der Unterdrückten.

HÄSLER Glauben Sie, dass man Hass auch künstlich

erzeugen und zu politischen Zwecken missbrauchen kann?

FRISCH Wir wissen, dass es so ist. Hitler ohne die Juden: Wie sonst sollte er die Spießbürger zu Helden machen? Fast jede Politik arbeitet mit dem latenten Hass der Zukurzgekommenen, wobei die Zukurzgekommenen nicht nur die Minderbemittelten sind; es gibt allerlei Arten von Zukurzgekommensein. Kollektiv-Hass ist für viele eine Erlösung, eine Aufwertung irgendeines privaten Hasses, der den Hassenden moralisch belästigt und dann, umgetauft auf Vaterlandsliebe beispielsweise, hemmungslos sein kann. – Sie sagen: Künstlich erzeugter und zu politischen Zwecken missbrauchter Hass. Würden Sie dazu den Antikommunismus rechnen?

HÄSLER Den Antikommunismus, der den Gegner vernichten, ausrotten will, sicher.

FRISCH Antikommunismus ist vielleicht nicht Hass, aber Angst; aber man kann auch die Angst politisch missbrauchen.

So wie wir das Wort jetzt brauchen, bezeichnet Hass etwas Negatives, etwas Verwerfliches. Wie ist es, wenn wir die Lüge hassen? Oder die Henker? Wie wäre es, wenn nicht Millionen von Polen und Franzosen und Tschechen und Dänen und Russen und Briten und auch Deutsche jenen Hitler gehasst hätten? Die Heilsarmee in Ehren, aber sie hat noch kein besetztes Land befreit. Hass kann auch im Recht sein. Ich denke an die Gefängnisse auf Jaros.[19]

HÄSLER Wir haben die Eruptionen der Kulturrevolution in China noch in Erinnerung, die Kommunistenjagden in Indonesien, den »heißen Sommer« in den USA, den Krieg im Nahen Osten, wir hören von den Stammeskämpfen in Afrika, wo Schwarze einander abschlachten. Wie beurteilen Sie hier die Rolle des Hasses?

FRISCH Da weiß ich zu wenig. Nur Israel und die Araber: In Israel habe ich niemals Hass gefunden, wohl aber Hochmut, der Hass erzeugt.[20]

HÄSLER Hochmut ist gewiss auch ein schlechter Ratgeber. Immerhin haben natürlich die Juden in Israel Leistungen aufzuweisen, auf die sie stolz sein dürfen und die sie endlich von dem Stigma befreiten, sie seien nur Händler, Wucherer und Parasiten am gesunden christlichen Volkskörper. Und wenn ich an die Zeichnungen in arabischen Zeitungen denke, in denen die Juden als Ungeziefer, feige und hässlich, die Araber dagegen als geradezu germanische Heldengestalten dargestellt wurden, was übrigens der alten Verachtung der Juden auch in diesen Ländern zu entsprechen scheint, dann ist doch der Nicht-Hass in Israel bemerkenswert. – Aber ich meine, wir haben von Europa aus nicht mit Fingern auf Völker zu zeigen, die jetzt von Eruptionen des Hasses geschüttelt werden, nachdem in diesem christlichen Europa in den letzten fünfzig Jahren wahre Orgien des Hasses gefeiert wurden – und mit welchen Folgen! Glauben Sie, dass diese Erfahrungen eine wirksame Barriere gegen neuen Hass und Hassmissbrauch mindestens auf unserem Kontinent bilden können?

FRISCH Eine Zeitlang vielleicht. Aber ich zögere, weil ich mich frage, ob die Frage richtig ist, Ihre Prämisse, dass Europa in den letzten fünfzig Jahren wahre Orgien des Hasses erlebt habe. 1967 minus 50: also seit 1917. Meinen Sie die russische Oktober-Revolution als Orgie des Hasses?

HÄSLER Ich denke vor allem an den Nationalsozialismus, der mit seinem propagierten und geschürten Hass gegen Juden, Demokraten, Kommunisten, Bekennende Kirche usw. wirklich Hassorgien veranstaltet hat. Sicher hat die russische Oktober-Revolution sehr schreckliche Auswirkungen auch gehabt. Aber sie war doch offenbar ein geschichtlicher Aufbruch und Ausbruch, die Reaktion auf Unterdrückung, Ausbeutung, Hunger und Elend. Wenn ich von Hassorgien spreche, dann denke ich aber auch an die physische Vernichtung der russischen Bauern zu Beginn der dreißiger Jahre und dann an die Prozesse und Verfolgungen gegen Stalins kommunistische Widersacher vor und nach dem Zweiten Weltkrieg. Da wurde Hass mobilisiert nicht gegen Unterdrücker und Ausbeuter, sondern gegen politisch Andersdenkende. Und diesem Hass fiel eine unbekannte Zahl von Menschen zum Opfer. Ich denke auch an Spanien und an das faschistische Italien. Das waren von oben organisierte Hasskampagnen und Hassorgien. Man durfte nicht nur hassen, man wurde dazu aufgefordert.

FRISCH Sie meinen also fünfzig Jahre als die Epoche, die man so ungefähr in Erinnerung als Zeitgenosse hat. Ich möchte aber noch etwas auf den Begriff »Hassorgie« eingehen. Ich las dieser Tage wieder einmal den Bericht von Las Casas,[21] dem Mönch, der Seine Hoheit wissen ließ, wie im Namen ihrer Krone und Heiligkeit gemordet wird. Sie erinnern sich: Millionen von Indianern. War das eine Orgie des Hasses? Trifft es nicht genauer, wenn wir sagen: Kolonialismus? Es ging um Arbeitskräfte und Gold. Hass ist ein verbrämendes Wort; es tut, als ginge es um menschliche Charakter-Misere; dabei ging es (geht es) um Exzesse eines Systems. Bleiben wir in der Zeit des spanisch-katholischen Imperiums: Wenn da jemand gehasst hat, so waren es wahrscheinlich die Indianer; die Spanier haben nur ausgebeutet. Um was geht es in Vietnam? Ich glaube nicht, dass die amerikanischen Boys, wenn sie ihre Bombenbündel fallen lassen auf nordvietnamesische Dörfer, von Hass erfüllt sind. Sie sind lieber im Puff in Saigon. Ist Vietnam eine Orgie des Hasses? Wenn dort gehasst wird, so sind's die kleinen Vietnamesen. Hat Eichmann gehasst? Er hat gedient. Was heißt also Orgie des Hasses? Es sind Verbrechen gesellschaftlicher Systeme …

HÄSLER … die – unter anderem – möglich sind, weil sie die Hassgefühle in uns sich zunutze machen. Und nun eben die Frage: Gibt es Barrieren gegen den Hass?

FRISCH Das hat Johnson[22] gefunden: die Soldaten, die jetzt das Pentagon beschützen.

HÄSLER Wie beurteilen Sie die Möglichkeiten, Hass in der Schweiz politisch »verwertbar« zu machen, zum Beispiel einen latenten Fremdenhass, Spannungen zwischen Deutsch und Welsch, die sich unter gewissen Voraussetzungen zum Hass steigern könnten?

FRISCH Die Möglichkeiten sind mäßig, nicht weil die Schweizer bessere Menschen sind, aber weil die schweizerische Politik auf eine Weise funktioniert, die Leidenschaft beinahe ausschließt, auch die Leidenschaft zum Kreativen. Wo Begeisterung nicht gedeiht, hat auch der Hass nur eine beschränkte Chance. In dieser Hinsicht bin ich zuversichtlich; hier bleibt alles mäßig.

HÄSLER Aber es gibt beunruhigende Symptome. Ich habe von einer Kundgebung[23] gegen die Fremdarbeiter in Bern gehört, an der eine an die Frontenzeit erinnernde Pogromstimmung geherrscht hat. Bundesbeamte, die die Tatsachen ins richtige Licht zu stellen versuchten, wurden niedergebrüllt und sogar bedroht. Was, meinen Sie, wäre zu tun, um solcher Hasspropaganda den Boden zu entziehen?

FRISCH Bei uns? Dasselbe wie überall: Information über Sachverhalte. Hass hat immer einen Hang zur vereinfachenden Fiktion.

HÄSLER Glauben Sie, dass die Schweiz etwas tun könnte und sollte, um den Hass in der Welt abzubauen? Sehen Sie solche Möglichkeiten?

FRISCH Gibt es immer noch das Märchen von der Mission der Schweiz? Wir vermögen genau so viel oder wenig wie andere Kleinstaaten, aber die Vertreter skandinavischer Länder protestieren gegen den Krieg in Vietnam. Hass in der Welt? Vermutlich kann man den Hass nur abbauen, indem man die Welt verändert: indem man die großen Hass-Ursachen abzubauen versucht. Die Schweiz, die heutige, ist aber konservativ und verhält sich zu jeder Idee, die Welt in ihrer gesellschaftlichen Struktur zu ändern, durchaus frigid.

Meinen Sie den Hass beispielsweise der amerikanischen Neger? Der ist nicht mehr durch Missionare abzubauen, fürchte ich.

Hass kann zum Entsetzlichen führen, aber wir wollen nicht übersehen, dass Entsetzliches geschieht auch ohne Hass; ich bin überzeugt, dass etwa die Leute im Pentagon durchaus nicht hassen. Sie programmieren ihre Computer, das ist alles, das Ergebnis heißt Eskalation. Die Machthaber brauchen gar keinen Hass, um das Entsetzliche zu veranstalten. Ein Abbau von Hass käme ihnen durchaus gelegen, aber damit ist das Entsetzliche nicht abgeschafft.

HÄSLER Es ist ja schon deutlich geworden: Es gibt verschiedene Arten von Hass. Wir sprechen von Rassenhass, Völkerhass, Fremdenhass, Glaubenshass. Im Sozialismus seit Marx wurde der Begriff des Klassenhasses geprägt. Wie würden Sie den Unterschied zwischen Klassenhass und den erstgenannten Arten des Hasses bezeichnen?

FRISCH Die Gretchenfrage. – Der Unterschied zwischen Rassenhass, Völkerhass, Fremdenhass, Glaubenshass auf der einen Seite und Klassenhass scheint mir darin zu bestehen, dass der Klassenhass jedenfalls ein Bewusstsein voraussetzt, jenes Klassenbewusstsein, das, wir wissen es, mühsam genug herzustellen gewesen ist und sich bei allgemeinerem Wohlstand (wie er unter dem Zarismus nicht da war) wieder verflüchtigt. Der Rassenhass hingegen basiert auf einer unreflektierten Malaise. Es bedarf keiner Aufklärung, um ihn zu mobilisieren, im Gegenteil, und wenn Rassenhass, Fremdenhass, Völkerhass, Glaubenshass von einem Machthaber mobilisiert werden, so immer um ein anderes Ziel, das wirkliche Ziel des Machthabers nämlich, zu tarnen. Der Klassenhass nennt sein Ziel. Das ist ein wesentlicher Unterschied. Völkerhass argumentiert nicht, er ist kultisch-axiomatisch, insofern dem privaten Hass näher und dadurch ein Sammelbecken für jedes Ressentiment, daher unstillbar. Kein Endsieg hebt ihn auf. Der Klassenhass verliert sich notwendigerweise mit der Erreichung seines Ziels: Abschaffung der Kinderarbeit, gleiches Recht für alle, Verstaatlichung der Produktionsmittel usw., er ist temporär. Das heißt nicht, dass dann das Paradies kommt; es kommt wieder der Nationalismus.

HÄSLER Im Endeffekt aber hat auch der Klassenhass die gleichen Folgen wie jeder andere Hass: Menschen werden verfolgt, gequält und vernichtet.

FRISCH Im Endeffekt, sagen Sie, hat er die gleichen

Folgen: Vernichtung von Menschenleben. Ich würde nicht sagen im Endeffekt, sondern: im Ausbruch. Der Endeffekt der Guillotine war die Erklärung der Menschenrechte. Das macht mir die Guillotine nicht hold, aber es macht einen Unterschied: Die Vergasungen bleiben Verbrechen im Endeffekt.

HÄSLER Ich bin mit Ihnen einverstanden, dass der Hass in bestimmten Situationen für eine entrechtete, unterdrückte, ausgebeutete Klasse oder Minderheit vielleicht der einzige Weg zu ihrer Befreiung und zur Erreichung ihrer Menschenwürde ist. Aber wenn der Klassenhass auch Jahre und Jahrzehnte nach der Erreichung dieses Zieles in der Schule gelehrt und zum praktizierten Dogma der Politik – und nicht nur der Außenpolitik – erhoben, sozusagen institutionalisiert wird, wie andere Dogmen, etwa: »Die Partei hat immer recht!« oder »Wer Ulbricht angreift, greift die Partei an!« oder auch die Theorie von der Avantgarde, der führenden Kraft und Klasse, die dann in der Praxis eben zu einem fragwürdigen Elitedenken und damit zu Überheblichkeit führt, die mindestens entfernt an die »Überlegenheit der arischen Rasse« erinnert – dann kann man nicht von seinem fast automatischen Verschwinden sprechen. Dann werden da unter dem Vorwand des einst vielleicht begründeten Klassenhasses Aggressionen mobilisiert, nicht um Unterdrücker, sondern einfach Andersdenkende, Revisionisten usw. zu liquidieren. Und für diese Betroffenen bleibt es sich dann im Endeffekt eben doch gleich, ob sie unter dem Zeichen des Rassenhasses oder des Klassenhasses verfolgt, gefoltert, entrechtet oder gar getötet werden. Die Zahl derer, die zuerst von Hitler als »rassisch Minderwertige« und dann unter Stalin als Klassenfeinde und -verräter verfolgt wurden, ist leider sehr groß. Und das, wie gesagt, nicht im Aufbruch, sondern sehr lange danach.

Nun sagt man zwar, das seien Verirrungen und Verbrechen des Stalinismus, die mit dem wahren Marxismus nichts zu tun hätten. Das scheint mir eine zu einfache Erklärung. Die Erfahrungen in diesem Jahrhundert bestätigen nur erneut, dass auch die höchsten Ziele die Mittel nicht heiligen, wohl aber unmenschliche Mittel hohe Menschheitsziele kompromittieren und ihre Erreichung in immer weitere Fernen rücken. Sie sagen irgendwo, dass man heute die Ideologien, und damit ihre Dogmen, zersetzen müsse.[24] Darin sehe ich eine Möglichkeit, Verbrechen hüben und drüben weniger leicht zu machen.

Und damit komme ich zu meiner letzten Frage: Glauben Sie, dass einmal eine Welt kommen wird, in der der Hass nicht mehr missbraucht und zu solchen Katastrophen führen kann, wie wir sie erlebt haben und immer noch erleben? Und was, meinen Sie, müssten wir tun, um dahin zu gelangen?

FRISCH Ihre Frage impliziert, dass der Hass nicht abzuschaffen ist, dass aber eine Einrichtung gefunden werden muss, die verhindert, dass Hass, von einer Macht nutzbar gemacht wie eine Naturkraft, immer wieder zu Katastrophen führt. Das heißt wiederum, dass die Welt anders eingerichtet werden muss. Das ist unsere einzige Hoffnung. Einiges in dieser Richtung ist auch schon geschehen. Wenn ein katholischer Redaktor in Luzern angesichts des Ungarn-Aufstandes schreibt, jetzt müsse die Wasserstoffbombe fallen, so fällt sie doch nicht; sein Glaubenshass ist zwar nicht abzubauen, aber er bleibt privat: dank fortschreitender Entprivatisierung der Macht. Das ist wohl der Weg.

Eine Gegenfrage: Wenn Sie das Phänomen Hass untersuchen, was denken Sie sich als sein Gegenteil: Liebe oder Vernunft?

HÄSLER Ich hoffe auf die Vernunft, auf die Einsicht, dass Hass als Mittel, Politik zu machen, sich auf die Dauer nicht lohnt, dass der Preis des missbrauchten Hasses zu hoch ist und dass er keine Probleme löst.

FRISCH Es ist auffallend, dass Hass-Taten oft verbunden sind mit Bekenntnissen der Liebe, der Liebe zum König oder zum Volk oder zu Gott, mit Bekenntnissen der Treue usw., der Hassende fühlt sich moralischer als der Vernünftige, das gehört zum Genuss des Hasses, das hehre Gefühl von gerechter Rache. Der Hass etwa, der gedämpfte, der an unsern Stammtischen plaudert, hat immer etwas Rechtschaffenes, ein Behagen, dass man auf der Bank der Gerechten sitzt, eine erschreckende Gemütlichkeit, die die Vernunft nie hat.

Sie sagen: Hoffnung auf die Vernunft. Wessen Vernunft? Sie meinen natürlich: die Vernunft aller. Also auch die Vernunft der Unterdrückten? Das ist (obschon Sie's nicht so meinen) die Hoffnung der Unterdrücker: dass der Vernünftige angesichts ihrer Macht sich duckt und duldet. Gottesgnadentum des Establishments. Die Einsicht, dass man gegen Machthaber nichts machen könne, ist natürlich nicht die Vernunft, die ich meine. Wir können den Hass nicht aus der Welt beten. Daher scheint mir der Titel, den Sie dieser Umfrage geben, sehr zutreffend: *Leben mit dem Hass*. Die Aufgabe wird sein, zu verhindern, dass der Hass sich nicht der Atomkraft bedienen kann [sic], das heißt: Macht nicht in den Händen einer Person oder einer Sippe, einer Gruppe, einer Nation, die auf Hass zu einigen ist; das Vernünftige, unsere einzige

Rettung, bestünde in einer politischen Einrichtung, die die Macht verteilt, internationalisiert, entprivatisiert, enttrustet – oder wenn wir das Wort einmal sehr streng verstehen: demokratisiert, und zwar global. Je größer der Verband, der die Exekutive innehat, umso heterogener ist er, und das Heterogene isoliert den Hass.

Noch einmal anfangen können

(1967)

Dass jede Wahl immer zugleich eine Absage an andere Möglichkeiten ist, war eines der Grundprobleme, mit denen sich Max Frisch zeitlebens beschäftigte. Daraus entspann sich auch die Fantasie, noch einmal von vorne beginnen und noch einmal wählen zu können – wenn auch vielleicht mit dem Ergebnis, neuerlich dieselben Entscheidungen zu treffen. Dieses urtheatralische Spiel mit biografischen Varianten bildet den Ausgangspunkt für das Gespräch, das der Journalist, Autor und Übersetzer DIETER E. ZIMMER *(*1934) im Jahr 1967 für* DIE ZEIT *mit Max Frisch führte, anlässlich seines neuen Stücks »Biografie: Ein Spiel«.*

Das existentialistische Problem der Wahl wirft die Frage auf, inwiefern das Ich, das erlebt und entscheidet, private oder politische Dimensionen hat. Frisch scheut sich nicht, das Private als Domäne der Literatur zu bezeichnen, bringt aber umgekehrt eine aufschlussreiche Unterscheidung ins Spiel: diejenige zwischen dem »politischen Schriftsteller«, der einen politischen Anspruch vertritt (welcher Art und in welcher Form auch immer), und dem »politisierenden Schriftsteller«, der sich zum Selbstmissverständnis verleiten lässt, auch ein Politiker zu sein.

*

DIETER E. ZIMMER In Ihrer Schillerpreis-Rede,[25] 1965, skizzierten Sie eine neue Dramaturgie: eine »Dramaturgie des Zufalls« gegenüber der herkömmlichen »Dramaturgie der Fügung«. Diese, sagten Sie, erbrachte »unentwegt den Beweis, dass es so und nicht anders habe kommen müssen«; die andere, neue hätte im Gegenteil zum Vorschein zu bringen, »dass mit den gleichen Figuren auch eine ganz andere Fabel hätte stattfinden können«. Ihr neues Stück, die *Biografie* – das ist doch eine praktische Erprobung dieser neuen Dramaturgie?

MAX FRISCH Ich verkünde keine neue Dramaturgie; natürlich reflektiert man seine eigene Arbeit, aber was dabei herauskommt, meine ich nicht als Postulat für andere … Ich hatte seit einiger Zeit einfach Mühe mit dem Theater. Die Frage nach der Beliebigkeit jeder Geschichte, eine Frage, die ich nicht beantworten kann – drum drängt sie mich ja zur Darstellung, darstellen heißt auskundschaften – mein Thema also und die Dramaturgie, die ich gelernt habe, das ging nicht zusammen. Daher drängte das Thema mich vorerst in den Roman; aber das Spiel mit Varianten, wie es *Gantenbein* betreibt, ist im Grunde anti-episch, eigentlich Theater. Kein Zufall, dass Theaterproben mich mehr faszinieren als die fertige Aufführung: weil Varianten eines Vorgangs mehr offenbaren als der Vorgang in seiner endgültig-einzigen Form. Die Frage ist nur: Wie etablieren wir die Variante dramaturgisch? Das Theater begann mich zu langweilen. Warum? Jeder Verlauf, der dadurch, dass er stattfindet, alle anderen möglichen Verläufe ausschließt, mündet in die Unterstellung eines Sinns, der ihm nicht zukommt (heißt es in dem Text, den Sie zitieren), das Gespielte hat einen Hang zum Sinn, den das Gelebte nicht hat. Von daher verstehe ich den Versuch der Happenings, die, um jeder Dramaturgie der Fügung zu entgehen, die Bühne ganz verlassen; nur gehen diese Versuche weiter als mein Versuch, sie heben das Theater überhaupt auf, während wir es weiter mit dem Theater versuchen: ohne die Dramaturgie der Fügung. Aber wie gesagt, nehmen Sie diese theoretischen Notizen nicht als Postulate, sie reflektieren lediglich die eigene Arbeit.

ZIMMER Erbringt das Stück nun aber nicht gerade den Beweis, dass es sehr schwer ist, eine bestimmte Biografie loszuwerden? Ihrem Verhaltensforscher Kürmann, dem Sie die Möglichkeit geben, sein Leben nachträglich zu revidieren, gelingen doch – da er weder seine Anlagen noch die Verhältnisse ändern kann – trotz aller Mühe nur zwei bescheidene Korrekturen seiner Biografie: Eine eheliche Ohrfeige fällt aus, und er tritt der KP bei – das aber nicht aus Überzeugung, sondern nur um der Veränderung selbst willen. Sind Sie also bei der Erprobung der Zufalls-Dramaturgie zu dem Ergebnis gekommen, dass eine Lebensgeschichte doch eine ziemlich hartnäckige Zwangsläufigkeit besitzt?

FRISCH Ich wollte nicht etwas Vorgedachtes beweisen, sondern ein Spiel durchführen, um zu erfahren, wie ich erlebe, Schreiben als Selbsterfahrung. Man hat sein Credo oder Non-Credo, es kann durch Darstellen bestätigt oder widerlegt werden. Das verstehe ich unter Auskundschaften. Schreiben ist ein abenteuerliches Unternehmen, man setzt sich seiner Erfahrung aus.

ZIMMER Hat die Erfahrung Sie überrascht?

FRISCH Zeitweise war ich geradezu bestürzt. Ich dachte auch, dass ein Mensch, wenn er nochmals anfangen und nochmals wählen kann, eine ganz andere Geschichte vorlegt, etwas Verblüffendes, so dass er kaum wiederzuerkennen sein würde. Das erwartet wohl jedermann, der sagt: Wenn ich nochmals anfangen könnte …! Die Frage nach der Beliebigkeit jeder Geschichte, ins Spiel gestellt ohne Garantie, dass dabei Gott herausschaut, und infolgedessen das Missfallen an einer Dramaturgie, die nur den zwangsläufigen Ablauf als glaubhaften Ablauf anbietet und damit unterstellt, dass eine Geschichte (Biografie oder Weltgeschichte) nur so und nicht anders habe verlaufen können; andererseits die Faszination des Theaters, wenn probiert wird, die Proben-Einsicht, dass Varianten eines Vorgangs mehr offenbaren als der Vorgang in seiner endgültigen Form, und infolgedessen die Suche nach einer Möglichkeit, die Variante dramaturgisch zu etablieren, und infolgedessen, eins aus dem andern, der simple Einfall: ein Mann, der nochmals anfangen und wählen kann – so konsequent mag es erscheinen; der Schreiber selbst erlebt es nicht so, wenn er einem Einfall nachgibt. Offenbar spielt sich hier schon ab, was zum Thema des Stücks gehört: Inwiefern wählen wir das Thema, inwiefern sind wir, wenn wir zu wählen meinen, gesteuert und vertuschen es vor uns selbst, indem wir im Nachhinein plausibel machen, warum wir das und das »gewählt« haben? Je wacher einmal der Verdacht, dass wir gesteuert sind, umso lebhafter wird das intellektuelle Bedürfnis, dieses Kürmann-Bedürfnis, noch einmal anzufangen und in seinem Leben irgendetwas anderes zu machen, und sei's auch nur, um sich den Nachweis zu erbringen, dass wir wählen können. Auch dem Stückeschreiber könnte dieser Registrator sagen: Warum wählen Sie denn jedes Mal dasselbe Thema? Worauf ich wie Kürmann sagen möchte: Fangen wir noch einmal an! Nur geht das eben in der Wirklichkeit nicht; die Genehmigung, dass einer nochmals anfangen kann, gibt nur das Theater.

ZIMMER Woran liegt es denn, dass Kürmann größere Varianten kaum in den Sinn kommen und auch die kleineren misslingen?

FRISCH Das liegt – kein Zweifel – an mir. Indem man ein Stück schreibt, indem man eine Spiel-Situation durchführt, scheint jede Willkür gestattet zu sein; erlaubt ist, was gelingt. Aber es gelingt nur, was ich nachvollziehen kann, was mir selbst noch glaubhaft ist. Alles andere fällt aus, indem es einfach nicht gelingt. Was mir selbst noch glaubhaft wird, so dass ich's darstellen kann – in dieser Limitierung entlarvt sich die Selbsterfahrung.

ZIMMER Also Ihr altes Thema: die vergeblichen Versuche, seiner Rolle zu entrinnen? So wie Stiller sich selber zu entfliehen versuchte, Don Juan nicht Don Juan sein wollte, ein Staatsanwalt sich in den Grafen Öderland mit der Axt verwandelte, um als Oberbürokrat zu enden, Philipp Hotz trotz seiner großen Wut seiner Ehe doch nicht entging … Und die gleiche Angst vor der Wiederholung bei Kürmann wie bei Stiller. Lesern macht es ja Spaß, solche Parallelen zu ziehen: aber verdecken sie nicht gerade das Neue?

FRISCH Das ist nicht meine Sorge. Das Neue? Es würde mir schon genügen, wenn das Neue in einem reineren Gelingen bestünde … Aber Sie haben recht: Es gibt Leute, sehr gescheite Leute, die sofort Parallelen sehen, Parallelen zu ihren alten Erkenntnissen, und die es dem Schriftsteller verargen, dass sie infolgedessen nichts Neues finden können bei aller Treue zu ihren alten Erkenntnissen.

ZIMMER Die *Biografie* sollte Anfang Oktober [1967] schon in Zürich uraufgeführt werden, dann kam es zu dem nun schon berühmten Zerwürfnis zwischen Ihnen und dem Regisseur.[26] Dabei hatten Sie sich für ihn entschieden und er sich für die *Biografie*. Was genau verlangte er von Ihnen? Und an welchem Punkt haben Sie Ihre Mitarbeit aufgekündigt?

FRISCH Rudolf Noelte, gerühmt als hervorragender Regisseur, hat das falsche Stück gewählt. Dass wir beide es zu spät gemerkt haben, kommt von der gegenseitigen Hochschätzung.

ZIMMER Das heutige Theater, hört man oft, sei das Regisseur-Theater. Der Autor habe in die Aufführung nicht hineinzureden. Könnten Sie sich mit der Rolle des Lieferanten eines szenischen Vorwands abfinden?

FRISCH Schreiben heiße auskundschaften, sagte ich, und wenn es sich um ein Stück handelt, so gehört zum Auskundschaften natürlich auch noch die Aufführung. Die Bühne als Prüfstand. Die Proben sind die letzte, im glücklichen Fall produktive Phase unsres Unternehmens. Ich kann mich nicht beschweren; ich habe Regisseuren viel zu danken. Es ist das erste Mal, dass jetzt ein Regisseur gegen mich prozessiert. Stücke werden bekanntlich erst auf der Bühne fertig; der Gang eines Schauspielers kann zur Einsicht führen, dass er den Text, den ich geschrieben habe, gar nicht braucht und dass er einen andern Text braucht, damit zum Ausdruck kommt, was das Stück will an dieser Stelle und im Ganzen. Das ist die Erprobung eines Stücks, das wiederum gemeint ist als Erprobung einer Existenz-Erfahrung. Ich will also, wenn ich ein Stück schreibe und es zur Aufführung gebe, etwas auskundschaften – nicht irgendetwas aufführen, damit ich mich nach zwei Stunden oder sechs Jahren endlich wieder einmal im Rampenlicht verbeugen kann. Dazu bin ich zu eitel. Wenn ich mich öffentlich aussetze, tue ich's, um etwas zu erfahren, und vielleicht erfahren andere sich dadurch auch. Das wenigstens ist die Hoffnung. Tritt es ein, was Sie als Regisseur-Theater bezeichnen, so erfahre ich lediglich, dass der Regisseur ein Genie ist oder auch nicht – dafür brauche ich nicht zu schreiben.

ZIMMER Die *Biografie*, sagten Sie, hätten Sie als Komödie gemeint. Gegen Ende lassen Sie Kürmann nach einem Lebenslauf, der ihm selber verfehlt erscheint, an Krebs zugrunde gehen. Ist Ihnen das Stück über eine Komödie hinausgewachsen?

FRISCH Dass einer zu sterben hat, besagt nicht, dass ein Stück über die Komödie hinauswächst. Sonst gäbe es überhaupt keine Komödie mit Menschen. Sie haben aber recht: Eigentlich ist in diesem Spiel von Kürmann, der sein Leben revidieren möchte, alles vom Tod her gesehen. Eben drum erscheint es mir als Komödie, Leben mit der Gewissheit des Todes ohne Jenseits. Vielleicht ist's nicht immer zum Lachen.

ZIMMER In einem früheren Interview sagten Sie einmal, das Theater sei in buchstäblichem Sinn eine politische Anstalt. Und viele haben erwartet, dass Sie sich auf dem Theater weiter – wie in den politischen Modellstücken *Biedermann* und *Andorra* – politischer, öffentlicher Gegenstände annehmen würden. Nun aber, in der *Biografie* wie in dem voraufgegangenen, ihr verwandten *Gantenbein*-Roman, sozusagen eine Reprivatisierung (ich meine das in durchaus positivem Sinne; aber ich weiß, dass die allgemeine Strömung dem im Augenblick entgegenläuft). Heißt das, dass Sie heute Literatur mit politischen Ambitionen noch skeptischer beurteilen als früher?

FRISCH *Biedermann* und *Andorra* sind Parabeln. Ein bewährtes Verfahren, um dem Imitier-Theater zu entgehen, jener hoffnungslosen Art von Theater, das sich Realität durch Imitation von Realität verspricht. Das Verfahren der Parabel: Realität wird nicht auf der Bühne imitiert, sondern kommt uns zum Bewusstsein durch den »Sinn«, den das Spiel ihr verleiht; die Szenen selbst geben sich offenkundig als ungeschichtlich, als Beispiel fingiert, als Modell und somit aus Kunst-Stoff. Das geht; es hat nur einen Nachteil: Die Parabel strapaziert den Sinn, das Spiel tendiert zum *quod erat demonstrandum*. Es hilft dann wenig, wenn ich mich durch Untertitel verwahre: »Lehrstück ohne Lehre«. Die Parabel impliziert Lehre – auch wenn es mir nicht um eine Lehre geht. Vielleicht ist es mir nie in erster Linie darum gegangen. Daher das Unbehagen in der Parabel. Und daher die Suche nach einem andern Verfahren, Theater zu machen.

ZIMMER Das Theater als Tribunal – davon haben Sie sich (auch in der schon erwähnten Schillerpreis-Rede) nicht viel versprochen. War das vor der *Ermittlung*? Was halten Sie von der *Ermittlung*? Hat sie Ihre Ansichten über das Dokumentar-Theater verändert?

FRISCH *Die Ermittlung* von Peter Weiss ist für mich – Sie verzeihen, dass ich mich zu so indiskreten Auskünften verführen lasse! – kein Anlass, nach dem ich meine intellektuelle Entwicklung datiere.

ZIMMER Sie sagten 1964, das Publikum des absurden Theaters würde einen Diktator entzücken: weil es keine Aufklärung von Ursachen will, sondern zu genießen wünscht, was es ängstigt. Ein Jahr später nannten Sie den Auftritt der *Kahlen Sängerin* dennoch eine Wohltat.[27] Haben Sie Ihre Meinung vom absurden Theater (oder um das verlegene Schlagwort zu vermeiden: von Ionesco) revidiert?

FRISCH Das war ein Aperçu. Wenn wir auch noch unsere Aperçus revidieren – das ist ja schauerlich, Herr Zimmer, dann nimmt man sich selbst zu ernst.

ZIMMER Tatsächlich entzückt Ionescos Theater die Diktatoren offenbar nicht, und gerade in Diktaturen unterlegt man ihm einen politischen Sinn. Widerspricht das nicht der These von seiner Verwertbarkeit als Instrument der Unterdrückung?

FRISCH Fragen Sie etwas anderes. – Eben haben wir vernommen, dass die Diktatoren in Athen, die von Sophokles nicht entzückt sind, sich immer noch an der Macht halten durch NATO-Waffen.[28] Von Ionesco finde ich *Die Stühle*, zum Beispiel, ein ganz herrliches Theater. Wissen Sie zufällig, wie es Wolf Biermann geht?

ZIMMER Der Boykott hält an – lückenlos. Was er kann, das darf die Öffentlichkeit also vorläufig noch nicht erfahren. Trotzdem bleibt er Kommunist. Aber zum Thema zurück. Einige Ihrer Stücke haben Sie wiederholt umgeschrieben,[29] aber keinen Ihrer Romane, soviel ich weiß, von Kürzungen für Auslandsausgaben abgesehen. Wie erklärt sich das?

FRISCH Das ist einfach. Stücke, als Text, sind Projekte, Grundrisse für die Aufführung. Kein Haus, wenn Sie's noch einmal erstellen, würden Sie genau so bauen lassen wie vor zehn Jahren; schließlich haben Sie drin gewohnt. Der Roman ist kein Projekt, sondern ein fertiges Bild, fertig (mit allen Fehlern) als Text.

ZIMMER Ich könnte mir vorstellen, dass Sie wie manche Ihrer Figuren gegen das Bild rebellieren, das man sich von Ihnen macht. Nun ist sehr viel über Sie geschrieben worden, ja Ihr Werk scheint in besonderem Maße Kommentare zu provozieren, die zu wiederholen suchen, was Sie geschrieben haben, nur sehr viel unverständlicher. Wie finden Sie sich damit ab?

FRISCH Gäbe es, nachdem man seit zwanzig Jahren sich veröffentlicht, überhaupt keinen Kommentar dazu, wäre ich doch irritiert; da Kommentare vorliegen, finde ich mich ab – zum Beispiel damit, dass ich ein spätbürgerlicher Humanist bin, von Osten gesehen, oder ein Brecht-Erbe, von Westen gesehen. Mein literarisches Warenzeichen, ich weiß, ist das Identitätsproblem. Dass ich mich mit dem Warenzeichen nicht identisch fühle, kommt noch hinzu. So finden wir uns gegenseitig ab.

ZIMMER Es scheint, als griffe heute gerade unter Literaten eine gewisse Literaturmüdigkeit um sich. Man spricht der Literatur die Zuständigkeit in vielen Fragen ab, die man der Wissenschaft zuweist, manche Schriftsteller halten die Literatur gerade in politischen Dingen für untauglich und bevorzugen die direkte Aktion. Was bleibt Ihrer Meinung nach die Domäne der Literatur?

FRISCH Wenn ich etwa einem Biologen zuhöre, kann es allerdings passieren, dass mir die Literatur überflüssig erscheint, nicht die Musik, aber ein beträchtlicher Teil der Literatur. Die Musik hat sich nie eine Funktion aufschwatzen lassen, die sie in Konkurrenz bringt mit Biologie, mit Soziologie, mit Physik und so weiter, auch Maler und Bildhauer sind kaum je aufgetreten als Verkünder, die mehr verkünden als Kunst. Zuständigkeit der Literatur? Die Erkenntnis-Vorstöße, die unser Jahrhundert bewegen, verdanken wir nicht der Literatur. Wer von der Literatur erwartet, dass sie das Weltbild bestimme, wird also von einem gewissen Minderwertigkeitsgefühl nicht verschont bleiben. Zwar spiegelt die Literatur, die diesen Namen verdient, die Verwandlungen unseres Bewusstseins, aber sie spiegelt nur; die Anstöße zur Verwandlung unseres Weltbildes kommen anderswoher. Erübrigt sich somit die Literatur? Zuweilen habe ich den Eindruck, dass es dieses gewisse Minderwertigkeitsgefühl ist, was zum sogenannten Engagement nötigt. Keiner von uns lässt sich sagen, er wohne im Elfenbeinturm. Die Frage, ob Literatur

sich erübrigt, nötigt auch Leute, die im Grund kein politisches Temperament haben, zum Bekenntnis, dass die Literatur eine gesellschaftliche Funktion haben müsse. Das ist unsere Selbstrechtfertigung, auch wenn die Gesellschaft gar nicht überzeugt ist, dass sie unser Engagement braucht. Wir brauchen's. Der Biologe hingegen, dem ich zuhöre, braucht es nicht; der kommt mit Entdeckungen. Manche Schriftsteller, sagen Sie, halten die Literatur gerade in politischen Dingen für untauglich und bevorzugen die direkte Aktion – ich denke: zu Recht. Das geht zugunsten der Politik und zugunsten der Literatur. Der schriftstellerische Erfolg, der sich durch Verbreitung manifestiert, stiftet eine Hochachtung auch in Kreisen, wo man nicht genau weiß, was den Mann eigentlich auszeichnet, und schon entsteht die falsche Autorität; kein Schriftsteller, der's bis zur Taschenbuchausgabe gebracht hat, entgeht der öffentlichen Befragung, was er zu Vietnam meint oder zur Wiedervereinigung oder zum Notstandsgesetz. Er braucht nur auf das Missverständnis hereinzufallen, die Mikrophone sprießen von allen Seiten. Das ist nicht ohne Komik. Das literarische Werk gibt Autorität auf einem Gebiet, wo man sich nicht ausgewiesen hat. Dass ein Schriftsteller gescheiter ist als dieser oder jener Minister, halte ich für möglich, aber es heißt noch nicht, dass er deswegen ein Politiker ist. Ich meine jetzt nicht Günter Grass. Der politische Schriftsteller ist eine Möglichkeit, aber nicht zu verwechseln mit dem politisierenden Schriftsteller, den sein literarischer Ruhm verleitet zum Selbstmissverständnis, dass er deswegen auch politisch eine Autorität darstellen müsse. Nicht jeder, der schreiben kann, ist Jean-Paul Sartre …
Die Domäne der Literatur? Fast wage ich zu sagen: das Private. Was die Soziologie nicht erfasst, was die Biologie

nicht erfasst: das Einzelwesen, das Ich, nicht mein Ich, aber ein Ich, die Person, die die Welt erfährt als Ich, die stirbt als Ich, die Person in allen ihren biologischen und gesellschaftlichen Bedingtheiten, also die Darstellung der Person, die in der Statistik enthalten ist, aber nicht zur Sprache kommt und im Hinblick aufs Ganze irrelevant ist, aber leben muss mit dem Bewusstsein, dass sie irrelevant ist – das ist es, was wenigstens mich interessiert, was mir darstellungswürdig erscheint, aber darüber müsste man länger reden, um Missverständnisse auszuräumen – die Domäne der Literatur: alles, was Menschen erleben, Geschlecht, Technik, Politik als Realität und als Utopie, aber im Gegensatz zur Wissenschaft bezogen auf das Wesen, das erlebt … Es erschreckt mich nicht, Herr Zimmer, wenn Sie sagen: »Reprivatisierung«.

Rückzug auf die Poesie

(1974)

Die monatlich erscheinende Zeitschrift EVANGELISCHE KOMMENTARE *(heute* ZEITZEICHEN*) verstand sich als offenes Forum, das sich neben religiösen und kirchlichen Themen auch mit allgemeinen gesellschaftlichen Fragen des Zeitgeschehens beschäftigte. Das Gespräch, das die Theologen und Publizisten* JENS FISCHER, HANS NORBERT JANOWSKI *und* EBERHARD STAMMLER *im Jahr 1974 mit Max Frisch führten, ist fast durchgehend philosophischer Natur: Es kreist um Vernunft und Utopie, Politik und Moral, Bildung und Unterdrückung, Gewalt und Widerstand, Tod und Freitod, Klarheit und Ekstase.*

Diese Themen werden so grundlegend behandelt, dass die Gedanken dazu nichts an Tragweite eingebüßt haben. Ein besonderes Augenmerk gilt freilich der Rolle des Schriftstellers und der Funktion der Literatur in diesen Zusammenhängen. Frisch zeigt sich skeptisch gegenüber politisch engagierter Literatur und plädiert stattdessen für eine Poesie, die nicht plakativ anklagt, sondern ihr kritisches Potential über das Moment der Anteilnahme im Leser entfaltet.

*

EVANGELISCHE KOMMENTARE Bei unserer ersten Frage können wir auf eine Formulierung des Autors Max Frisch zurückgreifen. Sie findet sich in einem der Fragebögen aus Ihrem *Tagebuch 1966-1971* und lautet: Hoffen Sie »angesichts der Weltlage a) auf die Vernunft, b) auf ein Wunder, c) dass es weitergeht wie bisher«?

MAX FRISCH Diese Fragen, auf die Sie sich beziehen, sind natürlich hinterhältige Fragen, Fragen, die ich nicht beantworten könnte und zu deren Beantwortung ich auch andere nicht forcieren möchte. Meine Absicht war es nur, auf sie aufmerksam zu machen. Was nun die von Ihnen zitierte Frage angeht, so hoffe ich jedenfalls nicht auf ein Wunder, das sich politisch umsetzt. Sicher aber auch nicht darauf, dass es weitergeht wie bis jetzt. Bleibt also die Vernunft. Diese Hoffnung ist aber eine Hoffnung, die manchmal müde wird.

KOMMENTARE Auf wessen Vernunft richtet sich aber diese Hoffnung?

FRISCH Ich bin in diesem Lande aufgewachsen mit einem anfänglich blinden Glauben an die formale Demokratie, das heißt, ich hätte damals Ihre Frage beantwortet: die Vernunft der Mehrheit. Nach all dem, was wir heute wissen von der Manipulierbarkeit der Mehrheit, könnte ich das heute so nicht mehr sagen. Doch vor dem konträren Gegenteil, das heißt also vor der Vernunft eines Einzelnen, des Herrschers im alten Sinne, des großen Königs, habe ich natürlich ebenso Angst, weil ich jede Art von Alleinherrschaft gefährlich finde. Ich kann also auch nicht an die Vernunft des Einzelnen so glauben, dass ich ihm auf gut Glück hin eine solche Macht zubilligen würde in der Hoffnung, dass er dann die Vernunft hat.

KOMMENTARE Bleibt also nur die Vernunft der Vernünftigen. Wer aber wird als der Vernünftige deklariert? Und wodurch wird schließlich Demokratie begründet, wenn nicht mehr durch den Glauben an die natürlich gegebene Vernunft, die sich in der Mehrheit ausdrückt?

FRISCH Die Antwort darauf ist sehr schwierig. Was ich unter Vernunft nicht verstehen würde, das ist der einfache *commonsense*, das schlaue Kompromissemachen, Politik verstanden als ein Umgehen mit Möglichkeiten ohne jede Utopie. Es klingt ja ungeheuer vernünftig, wenn jemand zur Mäßigung und zum Machbaren rät. Dazu ist aber das Wort »Vernunft« viel zu groß. Solch eine Haltung ist vielmehr pragmatisch, schlau, *clever*. Lassen Sie mich eine Erklärung mit Hilfe einer biographischen Erinnerung versuchen: Als ich im eigentlichen Sinne politisch wurde, beschäftigte ich mich als Architekt mit Städtebau. Natürlich stieß ich dabei auf die Bodenrechtsfrage und das Problem, ob das Projektieren überhaupt einen Sinn hat, bevor sich hier etwas geändert hat. Ich habe damals mit einem Stipendium eine Reise machen können und habe in Mailand und anderswo diese Gretchenfrage an hervorragende Städtebauer gerichtet: Hat das, was ihr macht, irgendeinen Sinn, solange es Bodenspekulation gibt? Die Antwort war regelmäßig: Nein. Nun meine ich, die Vernunft läge eben in der Einsicht: Wir brauchen Städte, in denen man leben kann, wir brauchen Lebensorte. Mit dem vorhandenen Bodenrecht aber geht das nicht. Dann tritt eine Vernunft an, die ändert und sich nicht nur anpasst.

KOMMENTARE Wer aber ist der Träger dieser verändernden Vernunft? Reichen beispielsweise entsprechende Bildungsbemühungen allein hin, die Neigung, auch egoistische Interessen bei der Entscheidung ins Spiel kommen zu lassen, aufzuheben?

FRISCH Ich neige dazu, in diesem Punkt optimistisch zu sein. In den bestehenden bürgerlichen Demokratien gibt es eine vergleichsweise faire Art von Interessenkampf. Der Fehler liegt nur darin, dass große Teile der Bevölkerung nicht wissen, was ihre Interessen sind. Denn sonst würden sich automatisch die Dinge verändern müssen. Also müssen diese Teile lernen, was ihre Interessen sind. Und das ist eine Bildungssache. Wenn aber in einem Staat sämtliche Bürger so weit befähigt werden, dass sie ihre Interessen wahrnehmen können, so sehe ich auf der Welt heute keinen Staat, der nicht sofort in eine revolutionäre Situation geriete.

KOMMENTARE Wenn Sie für eine Vernunft plädieren, die sich nicht in der Anpassung erschöpft, sondern verändert, so ist die Frage nach dem Ort oder dem Träger der Vernunft auch zugleich die Frage nach dem Ort im demokratischen System, an dem die Zukunft vertreten wird.

FRISCH Der große Nachteil in den kapitalistischen Ländern liegt doch darin, dass sie keine Zielvorstellung größerer Art haben. Der Nachteil der sozialistischen Länder liegt dagegen darin, dass sie zwar eine solche Zielvorstellung haben, dass sie sich aber systematisch davon entfernen. So ist die Lage entstanden, dass eigentlich die Zielvorstellung dessen, was man unter Sozialismus verstehen kann, nur noch von uns vertreten werden kann, ohne dass wir uns auf die bereits vorhandenen geschichtlichen Realisationen stützen. Eine Utopie in diesem Sinne wäre wohl der Ort der Zukunft.

KOMMENTARE Das verändernde Element dieser Utopie liegt aber doch wohl auch in dem moralischen Engagement, das die Veränderung stimuliert?

FRISCH Sicher ist der Zorn derer, die im Augenblick nicht gerade die Opfer sind, wichtig. Dieser Zorn geht über das eigene Interesse hinaus und wäre im eigentlichen Sinne moralisch. Doch da stoßen wir auf den Zusammenhang von Politik und Moral. Für mich ist gegenwärtig das Schlimme, dass in der Politik ja weitgehend immer noch moralisch argumentiert wird – zwar nur scheinmoralisch –, aber dass doch die meisten von uns, und ich besonders, immer wieder darauf hereinfallen. Ich glaube es immer noch, immer wieder. Ich glaube, dass bestimmte Maßnahmen ergriffen werden, um eine wirkliche Ordnung herzustellen, um den Frieden zu erreichen, um den Hunger zu bekämpfen, um Bildungschancen einzuräumen. Und deshalb hat alles, was ich politisch gemacht habe, immer den Charakter einer Donquichotterie. Sie müssen mir nur eine Windmühle aufstellen, und ich reite. Die eigentliche Sache aber findet anderswo statt.

KOMMENTARE In diesem Zusammenhang stellt sich die Frage nach der Funktion des Schriftstellers. Ist nicht die Politik darauf angewiesen, im Intellektuellen und besonders im Schriftsteller ein Gegenüber zu haben, das die Utopie des Besseren artikuliert und einleuchtend macht? Hat der Schriftsteller damit nicht eine im weiteren Sinne politische Funktion: mindestens, dass er die Windmühle eine Windmühle nennt?

FRISCH Literatur hat von vornherein eine politische Funktion, weil sie immer versucht, die Sprache auf den Stand der Wirklichkeit zu bringen oder, sagen wir einmal, sie mit der Wirklichkeit zu konfrontieren. Damit aber verdirbt sie der Zweckpolitik ihr Konzept. So hat, von den jeweiligen Machtinhabern aus gesehen, der Schriftsteller eine subversive Funktion. Dazu kommt das Einsetzen des persönlichen Kredits, den eine Person durch ihr Verhalten oder durch ihre Äußerungen gewonnen hat. Das hat manchmal auch eine Wirkung. Nur wissen wir alle, wie ökonomisch sparsam man damit umgehen muss. Was diese Wirkung vom Moralischen her angeht, so bin ich skeptisch, aber nicht resigniert.

KOMMENTARE In Ihrem *Tagebuch 1966-1971* reflektieren Sie auch über die Gewalt.[30] Nun kann man gegen die Kritik an der Gewalt einwenden, dass es keine politische Machtausübung gibt ohne Gewalt. Besteht angesichts eines solchen durchaus legitimen Gewalt- und Machtvollzugs nicht eine Diskrepanz zwischen dem Anspruch der kritischen Moral auf der einen Seite und den Gesetzen der Politik auf der anderen Seite?

FRISCH Meine Überlegungen in dem Tagebuch stammen noch aus der Zeit, wo sich überall die Entrüstung über Gewalttätigkeiten äußerte. Ich habe das damals geschrieben, weil ich mir als Schriftsteller in dieser Situation darüber im Unklaren war, wie ich selbst reagieren würde. Ich wäre eigentlich neugierig gewesen, wie ich mich verhalten hätte, wenn ich beispielsweise selbst Gewalt hätte anwenden müssen. Hätte ich sie nachher verantworten können, vielleicht sogar sehr leicht verantworten können und richtig finden? Oder wenn die Gewalt sich gegen mich oder gegen Nahestehende gerichtet hätte, wäre ich immer noch imstande gewesen einzusehen, dass diesen anderen nichts anderes übriggeblieben ist als Gewalt? Meine Reflexionen waren die Vorbereitung zu einem Selbsttest, den mir die Geschichte bequemerweise nicht oder noch nicht geliefert hat.

KOMMENTARE Zu diesem Thema finden sich in Ihrem Tagebuch unter anderem noch zwei weitere Sätze: Auf der einen Seite im Zusammenhang der Pariser Mai-Unruhen 1968: *L'art c'est merde*, und auf der anderen Seite im Hinblick auf die Situation der Literatur im Ostblock: Poesie ist *Résistance*. Würden Sie beide Sätze unterschreiben?

FRISCH Nun, den ersten Satz habe ich aufgenommen angesichts dieses kunstübersetzten [sic] Gefildes in Paris. Und wegen der Komik, die darin lag, dass solche Aussagen schon ein oder zwei Jahre später wieder ein Kunstkonsumgut waren. Mir ging es darum, darauf hinzuweisen, wie kurz dieser Ekel, wie wenig wirksam er gewesen ist. Dass die Poesie *Résistance* ist, glaube ich, gilt nicht nur für die Länder des Ostblocks. Im Augenblick neige ich zu einem Rückzug auf die Poesie, sofern er mir gelänge. Alle anderen Aktivitäten haben sich nach meinem Eindruck für uns, für die meisten von uns, für mich totgelaufen. Die Umwelt hat sich an sie schon gewöhnt. Sie sind alle schon einverleibt. Die *Résistance* im Sinn einer utopischen Korrektur der bestehenden Verhältnisse muss längerfristig angelegt werden und auch geheimnisvoller.

KOMMENTARE Kunst muss also in die Katakomben gehen?

FRISCH Nicht in die Katakomben, sondern in die Poesie.

KOMMENTARE Gerät man da auf das Feld des resignierten Lyrikers, der darüber froh ist, dass er einen Leser in Kalkutta hat und noch einen in Bad Nauheim, das sind schon zwei? Oder, mit einem anderen Wort Günter Eichs: auf das Gebiet der Igelwörter?[31]

FRISCH Natürlich, das wäre ein eingeigeltes Werk. Aber wenn es einem zum Beispiel gelänge, eine zwischenmenschliche Situation wieder darzustellen, so wie sie sich heute abzeichnet, wie sie heute möglich ist, als Krankheitserscheinung, als Leidensgeschichte, so liegt darin eine explosive Kritik an dem aktuellen Zustand. Der Leser macht das viel eher mit, weil er nicht sofort weiß, dass es Kritik ist. Er kommt erst einmal zur Anteilnahme. Das ist eben die Leistung der erzählenden Literatur; sie kann Anteilnahme herstellen und den Leser dahin führen, dass nicht derjenige, der spricht, empört ist, sondern der, der mitmacht und liest, empört ist über diese Zustände, über diese Unmöglichkeit zu leben.

KOMMENTARE Ist das auch Ihr Standpunkt im Hinblick auf Ihre Leser in den osteuropäischen Ländern, wo Ihr Werk ja eine intensive Resonanz findet? Wir denken da etwa an eine jüngere sowjetische literaturkritische Arbeit, in der Sie als »romantischer Moralist« bezeichnet werden.[32]

FRISCH Ich habe mich oft gefragt, woher diese Wirkung kommt. Meine Bücher sind dort doch eine Art subversiver Literatur, weil sie gewisse Klischees nicht mitmachen, weil sie zwischenmenschliche Probleme darstellen, die auch dort vorhanden sind. Für die offizielle Literaturkritik haben meine Bücher nun den Vorteil, dass sie diese Probleme in einer westlichen Gesellschaft darstellen, so dass von offizieller Seite gesagt werden kann, hier fände man die Krankheitserscheinungen einer kapitalistischen Gesellschaft. Zum Beispiel das Identitätsproblem, wie es im *Stiller* dargestellt ist, sei ja in einer Gesellschaft mit verstaatlichten Produktionsmitteln nicht vorhanden. Ich habe einen Mann, der das einmal geäußert hat, gefragt: »Ich verstehe Ihre Haltung. Ich verstehe nur nicht, warum interessiert euch das dann so sehr? Warum lest ihr das? Warum habt ihr solche Anteilnahme an unserer Krankheit?«[33] Darin liegt der Widerspruch. Doch es gibt nur diesen Umweg, diese Fragen den Lesern dort mitzuteilen, weil ihre eigenen Schriftsteller, sofern es nicht Dissidenten sind, nicht darüber reden können. Daher rührt aber auch die explosive Wirkung solcher Bücher.

KOMMENTARE Ihre Funktion ist also die, Anwalt für die Stummen zu sein. Wie würden Sie in diesem Zusammenhang einen Autor wie Solschenizyn beurteilen?

FRISCH Solange Solschenizyn in der Sowjetunion lebte, hatte er genau diese große Funktion, und daher rührte auch das große Interesse an ihm. Das hat sich jetzt geändert. Er wollte das, was er zu sagen hatte, seinen Leuten sagen und nicht uns. Aber er kann jetzt natürlich nicht verhindern, dass seine Anklagen im primitivsten antikommunistischen Sinn benutzt werden. Und damit gewinnen sie die Funktion von Selbstrechtfertigungsinstrumenten. Muss denn nicht etwa in Zürich alles sehr gut sein, wenn ein so großer Schriftsteller nach Zürich kommt und dort leben will? So schrecklich simpel wird hier doch gedacht. Solschenizyn hat ohne Zweifel recht mit all dem Schrecklichen, das er meldet. Mir wäre es aber lieber, wenn das nicht von dieser Seite her kritisiert würde. Ich kann mich etwa einem Traum von der Wiederherstellung eines panslawistischen Zaren- oder Kirchenreiches nicht anschließen. So, wie die Lage jetzt ist, können wir nicht Solschenizyns Parteigänger sein, ebenso wenig wie wir die Parteigänger der anderen sind. Er fällt also für uns jetzt zwischendurch.[34]

KOMMENTARE Kommen wir zu einer Gestalt, die nach unserem Eindruck in Ihrem Werk eine große Rolle gespielt hat: Bert Brecht. Ihre Begegnungen mit ihm werden in den Tagebüchern immer wieder aufgenommen und meditiert. Aber welche Funktion dieser Eindruck für Sie hat, das wird nirgends ganz klar.

FRISCH Im Sinne einer Quintessenz habe ich das nie bestimmt. Das liegt daran, dass das immer noch ein Prozess ist. Ich habe diese Begegnung noch nicht abgeschlossen. Es hat eine Zeit gegeben, in der ich hätte sagen können und müssen, Brecht sei für mich wichtig, weil er in Richtung Marxismus der eindrücklichste Lehrer für mich war. Als bei mir eine gewisse Politisierung des Bewusstseins anfing – und ich kann das nicht durch reine Lektüre, ich brauche eine Figur –, da war Brecht diese Figur. Ich habe einfach durch ihn mehr verstanden. Aber das ist nicht zu meiner Überzeugung, nicht zu einem *Credo* geworden. Genauso gut könnte ich sagen – und das ereignete sich parallel dazu –, dass er von den Artisten, von den Künstlern, der Größte gewesen ist, mit dem ich nahe zusammen, auch bei der Arbeit zusammen war. Es war also auch das Glück, einen Meister zu haben.

KOMMENTARE Und wie war das später?

FRISCH Später habe ich natürlich die Einflüsse gesehen, die er auf mich gehabt hat, die rein schriftstellerischen in Bezug auf das Theater, weniger in Bezug auf die Prosa. Und nun traten die großen Veränderungen bei Brecht ein. Er gewann sehr rasch die Aura eines Klassikers auch in der bürgerlichen Welt. Ich werde mich hüten, deswegen eifersüchtig zu sein und zu sagen, das ist unser Brecht und jetzt nehmt ihr ihn. Aber trotzdem hat er dadurch für mich an Interesse verloren, und gegenwärtig ist er für mich nicht ein stimulierender Autor. Er kommt mir zum Teil merkwürdig fern vor, und zwar so gutmeinend.

KOMMENTARE Im Zusammenhang der Einflüsse auf Ihre Arbeit legt sich die Frage nahe: Wie würden Sie Ihre Beziehungen zur christlichen Tradition beurteilen?

FRISCH Ich komme aus einem evangelischen Haus, habe aber nur eine sehr undezidierte christliche Erziehung gehabt. Bei uns zu Hause wurde Gott nicht beschimpft, er durfte einfach dabei sein, wenn er wollte. Aber es wurde auch nicht viel für ihn gesagt oder getan. Ich habe daher auch nicht das jugendliche Religionsproblem gehabt, das doch die meisten Menschen haben. Das heißt aber auch, dass ich nie eine Tendenz zum Atheistischen gespürt habe. Ich habe aber von dieser christlichen Erziehung – mehr als ich wusste – alle Moralkategorien übernommen, und diese sind dann auch in mein politisches Denken hineingegangen. Ich sehe natürlich in meiner Arbeit, auch dort, wo ich es nicht gewusst habe, in meinen politischen Kategorien das christliche Erbe dominieren. Alles, was ich politisch sage und denke, ist ja eben nicht nur politisch, sondern es ist moralisch-politisch. Und diese Moral ist christlich, allerdings christlich ohne Gott. Ich halte an dieser Moral fest, ich sehe keine andere. Aber ich bin sehr weit von der Kirche entfernt, es sei denn, wenn sie sich politisch engagiert und dieses christliche Moralgut politisch einsetzt.

KOMMENTARE Kann man Ihr häufiges Reflektieren über den Tod von diesem Hintergrund her erklären?

FRISCH Die Reflexion über den Tod war für mich sehr früh da. Mit aller Vorsicht vor Selbstinterpretation – sie war nicht bestimmt von einer Angst vor dem, was nach dem Tod sein könnte. Es war nicht die Angst vor dem Totsein, auch nicht die Angst vor dem Sterben, sondern der Schrecken über die Zeitlichkeit, die Vergänglichkeit, bis hinunter zum einfachsten Lyrismus des Welkens. Das ist eigentlich von Anfang an das Problem gewesen: das Abschiednehmen, das Nichthaltenkönnen, das Vergehenkönnen, dass die Gegenwart immer so dünn ist zwischen Vergangenheit und Zukunft. Aber das hat für mich nicht die Folge gehabt, dass ich über die Zeitlichkeit hinaus etwas suchte. Sondern ich suche nach einer Kulmination – also ein sehr heidnisches Unterfangen –, nach einer Kulmination im Augenblick, wie es die Griechen gehalten haben: Jetzt muss es da und voll sein, die Ewigkeit muss im Augenblick anwesend sein.

KOMMENTARE Ihre Reflexion über den Tod ist stark verbunden mit dem Gedanken an Freitod, auch dem Protestgedanken an Zündeln, an Brennen. Ist dieser Protest eigentlich die Zuneigung zur Fülle, zur *Akme*[35] und zum Schlussmachen oder ist das Kapitulation?

FRISCH Ich möchte darin nicht eine Kapitulation sehen, ganz und gar nicht, sondern der Gedanke des Freitodes, den ich in dem letzten Tagebuch[36] im Kleid einer Komödie vorgetragen habe, bedeutet für mich eigentlich auch die Rettung der Selbstherrlichkeit des Menschen. Wir verfügen darüber – und ich bin damit einverstanden –, ob ein Kind auf die Welt kommen soll oder nicht. Wir verfügen über die Krankheiten, soweit wir können, und ich sehe nicht ein, warum wir später plötzlich dieses angemaßte Verfügungsrecht schwächehalber abgeben. Da müssen wir durchhalten. Da müssen wir bis zum Ende verfügen und nicht plötzlich in eine Mischung von halber Gläubigkeit mit falschem Wissenschaftsethos verfallen. Dazu kommt, dass geschichtlich die Überalterung ein neuzeitliches Phänomen ist. Die meisten leben heute physisch länger, als sie einen Bogen leben können. Und man muss zumindest diskutieren, ob es nicht ein Recht gibt, selber von sich aus auszuscheiden.

KOMMENTARE In Ihrem *Don Juan oder Die Liebe zur Geometrie* haben Sie von der Erfüllung gesprochen, dass in ihr nichts ekstatisch Dunkles ist, sondern dass sie etwas mit Nüchternheit zu tun hat.

FRISCH Diese Fülle einer Gegenwart ist von mir gehofft als etwas mit höchster *Clarté*, mit Helligkeit, mit Nüchternheit, also nicht mit einer dunklen Besoffenheit. Eine Ekstase wohl, aber eine spirituelle Ekstase. Die muss folglich nicht rationalisierbar sein, aber sie muss klar sein. Das bedeutet sicher nicht, dass damit alles Nichtrationalisierbare ausgeschlossen ist. Ich habe beispielsweise für mich persönlich die stärksten Gegenwartsfülleerfahrungen durch bloßes Schauen, ohne dass ich reflektieren könnte, was ich sehe, einfach dadurch, dass ich Helligkeit sehe, Schatten sehe, Farben sehe, Körper sehe, aber sehe, und das ist nicht rationalisierbar.

KOMMENTARE Erwarten Sie als Schriftsteller von der Form diese Klarheit und Fülle?

FRISCH Warum schreibe ich? Es gibt viele Gründe, die man dafür anführen könnte. Aber wo kommt die Erfüllung her? Natürlich versuche ich, eine Situation, die mich ergriffen hat, durch Schreiben klar zu machen, nicht, dass ich sie rationalisiere, aber dass ich sie klar mache, indem ich eine Syntax habe. Selbst wenn ich die Syntax breche, habe ich – wie man früher zu sagen pflegte – eine Form. Das gibt eine – sie kann noch so geheimnisvoll sein – Klarheit, die ich dafür brauche und durch die ich mich suche.

KOMMENTARE Was aber hat Sie zum Schreiben veranlasst? Wollen Sie die Wahrheit darstellen, oder reizt Sie die Fiktion?

FRISCH Ich will meine Wahrheit darstellen. Ich habe eine Zeitlang das Motiv sicher überschätzt, dass ich aus didaktischen Gründen schreibe, dass ich also belehren will, helfen will. Ich will nicht sagen, dass das überhaupt nicht der Fall sei, aber das war eine Rationalisierung, die natürlicherweise eintrat, nachdem ich festgestellt habe, dass ich gelesen werde und eine Wirkung habe. Das war eine Rationalisierung, in der einem die eigene Verantwortung zu Bewusstsein kommt. Ich bin aber nicht davon ausgegangen, sondern vielmehr von einem Spielbetrieb [sic], von einem Kommunikationsbedürfnis und – was schon geheimnisvoller ist – von dem Magischen des Abbildenwollens, von dem Bedürfnis, den Teufel oder das Glück an die Wand zu malen, um sie zu bannen. Hinzu kommt noch, aber das kann nicht der Motor sein, das reicht für diese Bemühung nicht aus, die Eitelkeit, der Ehrgeiz. Der wirkliche Impuls ist ein erotischer. Was ist das für eine ungeheure Befriedigung, das Ganze oder ein Etwas hinzustellen, einen Rohbau wachsen zu sehen nach eigenen Plänen! Darin liegt etwas Macherisches, etwas vom *homo faber*. Und zugleich ist es Spiel, Gestaltung, Umgestaltung.

Ich singe aus Angst – das Unsagbare

(1981)

Der Journalist und Publizist FRITZ J. RADDATZ *(1931-2015) war einer der legendärsten Interviewer des bundesrepublikanischen Feuilletons, ebenso streitlustig wie umstritten. Er führte Gespräche mit den großen Literaten seiner Zeit – von Günter Grass bis Siegfried Lenz und von Jorge Luis Borges bis Susan Sontag –, aber auch mit Persönlichkeiten wie Willy Brandt oder Helmut Schmidt. Veröffentlicht wurden die Texte in der* ZEIT *und viele davon auch in Buchform bei Suhrkamp.*

Das Gespräch, das Raddatz, damals Feuilletonchef der ZEIT, *im Jahr 1981 mit Max Frisch führte, ist ein wilder Ritt durch dessen Leben und Werk – voller Unterstellungen und Zurückweisungen, Vorhaltungen und Verteidigungen, Angriffe und Gegenangriffe. An manchen Stellen droht der Gesprächsverlauf aus den Fugen zu geraten (Frisch: »Langsam wird's blöd«), doch fassen sich beide immer wieder und gelangen schließlich an ein Ende in Form einer Frage des Interviewten an seinen Interviewer – die allerdings unbeantwortet bleibt.*

*

FRITZ J. RADDATZ Als wir vor geraumer Zeit mal miteinander sprachen, sagten Sie etwas, das mich ziemlich bestürzt hat: »Lieber Raddatz, was Sie da tun, ist ja im Grunde genommen: das gute Feuilleton im ›*Reich*‹.« Ist das ein reflektierter, differenzierter Satz, der ein politisches Urteil über gesellschaftliche Zustände in der Bundesrepublik birgt – oder ist es eher ein Satz, der eigene Bitterkeiten, Vergeblichkeiten der eigenen Arbeit auf den anderen überträgt?

MAX FRISCH Natürlich vergleiche ich die Bundesrepublik nicht mit Hitler-Deutschland, sonst würde ich ja nicht in Hamburg auf einem Parteitag[37] reden. Kein reflektierter Satz, nein, ein dummer Satz. Was gemeint ist, wissen wir hier wie dort, dass in bürgerlichen Blättern, die sich als Weltblätter verstehen, »unter dem Strich« so eine Liberalität blüht – ein Blatt wie die *Neue Zürcher Zeitung*, da lesen Sie etwa ein sensibles Lob auf Enzensberger-Gedichte, o ja, und in derselben Ausgabe werden ein paar Eidgenossen kriminalisiert, weil die in der Tat einer linken Partei angehören, einer legalen Partei. Unsere politischen Konfessionen in euren gediegenen Feuilletons sind Spiegelfechterei. Man muss es nur wissen: Was der Leser ernst zu nehmen hat, das lehrt ihn der Leitartikel und unverblümter noch der Wirtschaftsteil. Kürzlich hat mir ein Freund gesagt: »Immerhin werde ich im Wirtschaftsteil angeschissen, so weit bringt's nicht jeder Schriftsteller.« Das war Peter Bichsel.

RADDATZ Wahrscheinlich nach seinem *Spiegel*-Essay.[38] Da sind wir beim zweiten Teil meiner Frage. Ihre Erfahrung als Schriftsteller: Bitterkeit? Ist das, mit siebzig, die Summe Ihres Lebens?

FRISCH Wie das tönt: Summe meines Lebens! Und also Bitterkeit, die sich darin manifestiert, dass man ab und zu eure Feuilletonseiten gern liest, aber politisch nicht ernst nimmt, als Summe des Lebens … Etwas anderes ist es, in einer Volksversammlung zu sprechen oder vor einer Gewerkschaft eine politische Rede zu halten. Aber ich gebe zu, es sind jetzt auch schon zwei Jahre her, seit ich eine solche Rede geliefert habe.

RADDATZ Haben Sie es aufgegeben, sich da verständlich zu machen?

FRISCH Es hat sich etwas geändert, glaube ich. Und nicht bloß, weil ich siebzig wurde, sondern objektiv. Ich bezweifle langsam, dass wir an die politischen Probleme heute überhaupt herankommen mit dem überlieferten Vokabular. Das ist verbraucht. Empfinden Sie das nicht auch? Das hängt im Leeren mehr und mehr. Und das gilt nicht allein für das marxistische Vokabular. Zur Zeit meine ich, dass Texte, die am direkt politischen Vokabular vorbeikommen, viel irritierender sind, stimulierend für das politische Bewusstsein des Lesers, subversiv also im besten Sinn des Wortes. Die direkt politischen Verlautbarungen von Schriftstellern halte ich, zumindest im Augenblick, für wirkungslos – hingegen nicht die Poesie.

RADDATZ Was heißt zum Beispiel für Ihre Arbeit Wirkung? Die Arbeit eines Schriftstellers, der ja nie, mit wenigen Ausnahmen, direkt zu politischen Dingen Stellung nahm, sondern doch immer wieder versucht hat, existentielle Spannungen und existentielle Verhaltensweisen einzufangen, von den frühesten Stücken bis zu *Montauk* oder jetzt gerade *Triptychon*? Immer ein ungeheures Element des Vergeblichen, eigentlich des Finsteren, des Bitteren. Wo dazwischen sitzt es nun? Wirkung haben wollen und gleichzeitig das große Vergeben?

FRISCH Ihre Feststellung, dass ich zu politischen Dingen selten Stellung genommen habe, verstehe ich, Sie reden als Bundesdeutscher. Wie sollen Sie denn wissen, was uns in der Schweiz bekümmert, wenn nicht grad Schaufenster zertrümmert werden? Es gibt für uns nicht nur die bundesdeutsche Arena ... Apropos *Montauk*, der französische Übersetzer meiner Tagebücher ist ein militanter KP-Professor,[39] und ich habe erwartet, dass er das *Montauk*-Buch nicht übersetzen möchte, dass er sagt:

Das nun nicht! Und im Gegenteil sagte er: »Diese Erzählung ist sehr viel politischer als Ihre Tagebücher.« Wieso das denn? Er nannte ein Beispiel: Da wird eine Jugendfreundschaft beschrieben, eine lebensentscheidende, die dann gescheitert ist, und warum gescheitert, das wäre im politischen Vokabular mühelos zu fixieren: ein Kleinbürgersohn ich und er ein Großbürgersohn, die klassenspezifische Situation und so weiter. Und dass diese eigene Erfahrung einfach so erzählt wird, so einfach auch wieder nicht, aber exakt als ein konkretes Erlebnis, das fand er politisch-virulenter als meine politischen Polemiken.[40]

RADDATZ Hier in Zürich läuft eine Art Porträtfilm[41] über Sie. In der sehr eindringlichen Sequenz über Ihre Beziehung zu Ingeborg Bachmann fällt die Formulierung, es gäbe auch faschistische Verhaltensweisen zwischen Menschen, obwohl man normalerweise so was so nicht nennt. Können Sie mit dem Begriff in diesem Zusammenhang etwas anfangen?

FRISCH Es ist Ingeborg Bachmann, die in einem Interview[42] sagt, der Faschismus beginne zwischen Mann und Frau – und wie es sich anhört, nein, da ist kein Zweifel: Der Faschist ist allemal der Mann … Was ich damit anfangen kann, fragen Sie. Die Beziehung zwischen den Geschlechtern, das wissen Sie, hat mich immer schon beschäftigt. Wenn sie gelingen sollte, ich meine die Emanzipation der Frau, und das wäre ja auch eine Emanzipation des Mannes, ich kann mir vorstellen, das würde die Gesellschaft mehr verändern als etwa die Verstaatlichung der Schwerindustrie, der Banken, was ich mir beiläufig auch wünsche. Weil das, meine ich, am Fundament verändert. Das ist in unserer Industriegesellschaft wahrscheinlich die einzige revolutionäre Chance. Dafür gäbe es eine Massenbasis.

RADDATZ Können Sie sich's vorstellen – oder *wollen* Sie's wirklich? Dieses Wollen, Wünschen sehe ich in Ihren Arbeiten nicht, da ist vielmehr Angst davor ausgedrückt.

FRISCH Finden Sie? Ich bin als Mann ein Romantiker, der sehr langsam zur Einsicht gekommen ist, dass das überlieferte Grundmuster der Mann-Frau-Beziehung falsch ist. Ich begrüße die Emanzipation.

RADDATZ Als Idee, aber nicht als eigene Lebensmöglichkeit.

FRISCH Woher wissen Sie das denn?

RADDATZ Ist das die Abwehr des eigenen Verdikts aus Ihrem *Triptychon*-Stück: »Tote lernen nicht« oder auch »Tote haben nicht gelernt« …

FRISCH Es heißt: »Die Toten lernen nichts dazu.«

RADDATZ Das ist natürlich ein Satz, der sich nicht nur auf Tote bezieht …

FRISCH … nein, nicht nur auf Verstorbene …

RADDATZ In Wahrheit sind die Toten dieses Stückes lebend. Sind sehr »wir«.

FRISCH Das ist richtig, aber nicht so ganz. Sie sind nicht »lebend«, das ist es ja, sie sind bloß noch nicht klinisch tot. Der Hades ist eine Metapher. Es geht in diesem Stück um das Tödliche vor unserem klinischen Tod. Und das fängt eben schon früh an. Schauen Sie sich Gesichter an: Das Tödliche beginnt, wenn jemand nicht mehr umdenken kann. Wenn ein junges Paar, Katrin und Xaver, sich nur noch wiederholen kann. Und das andere, was mich beschäftigt, das ist unser Leben mit den Toten, mit den Verstorbenen. Ob es Freunde sind, Väter, Mütter, Geschwister und so weiter oder Geistesgrößen, die wir privatim nicht gekannt haben. Im Stück heißt es, dass es jemand auf der Stelle übel geworden ist: »Lenin in seinem Mausoleum, ein kluger Kopf, der seit fünfzig Jahren keine Erkenntnisse mehr hat«, und das heißt: »Wir leben mit Toten, und die denken nicht um.« Und das ist der Konflikt, meine ich, wir können ja auch nicht ohne die Toten leben, ohne Tradition, sie geistern in unserem Denken, ob Schopenhauer oder Freud und wie sie alle heißen.

RADDATZ Stülpen Sie die Nicht-Lernfähigkeit Ihren Figuren nicht nur auf? Ist es Ihre Konsequenz auch für die Lebenden, für die vor dem klinischen Tod schon Abgestorbenen? Da kommen wir doch wieder zu Max Frisch, zu seiner Bitterkeit; zu seiner konsequenten Inkonsequenz: Ich begrüße eine bestimmte Idee, ich wünschte, sie würde Materie, sei es die Verstaatlichung von Banken, sei es die Emanzipation – aber gleichzeitig, zumindest ich, Max Frisch, habe diese Lernfähigkeit gar nicht mehr?

FRISCH Was soll ich dazu sagen …

RADDATZ Sich neu verlieben – das heißt gelernt haben; oder heißt es, gerade *nicht* gelernt haben?

FRISCH Als Gast haben Sie gesehen, dass ich zur Zeit nicht allein wohne. Was geht das denn die Öffentlichkeit an? Unser Gespräch geht um die schriftstellerische Arbeit, denke ich, um Literatur und nur insofern um Persönliches, als es sich literarisch-öffentlich manifestiert hat in Bildern, in Gedanken. Die Öffentlichkeit ist deswegen nicht mein persönlicher Gast.

RADDATZ Macht die Belastung mit diesen Gedanken Ihr Stück *Triptychon* nicht zu einem dialogisierten Essay?

FRISCH Manchmal wäre ich gerne ein Essayist. Was

ich nicht bin. Vielleicht sehen Sie das Stück irgendwann einmal.[43] Was mich am Theater seit eh und je fasziniert, die Konfrontation von körperlicher Existenz und Sprache. Ein einfaches Beispiel: Da sitzt also eine junge Person in einem Schaukelstuhl, und dann heißt es: »Ja, Katrin, hier hast du gesessen?« Sie sitzt aber da und es heißt: »So hast du damals ausgesehen.« Also die erotische Präsenz einer Toten, ihr Körper auf der Bühne und dazu durch die Sprache das Bewusstsein, dass es Vergangenheit ist. Das halte ich für theatralisch. Allerdings setzt das voraus, dass man nicht nur zuhört, sondern auch ein Zuschauer ist, also auch visuell sensibel.

RADDATZ Es gibt einen ziemlich einschneidenden Satz von Ihnen, ich meine in *Montauk*, wo Sie sagen, man macht keine Erfahrungen mehr. Man ist auch nicht mehr neugierig, Leben findet für mich nur noch im Schreiben statt …

FRISCH Indem man Sätze schreibt und dann über diese Sätze erschreckt ist, weil sie sich nicht oder zu wenig decken mit der Erfahrung, die zum Schreiben drängt, jetzt erst merke ich, dass sie ja abweicht von den Sätzen, die ich da schreibe, meine Erfahrung, und so werde ich neugierig auf meine Erfahrung. Übrigens habe ich nicht gesagt: Man ist nicht mehr neugierig. Der Satz heißt: »Leben langweilt mich, ich mache Erfahrungen nur noch, wenn ich schreibe.«[44] Von einem alten Mann ein koketter Satz, mag sein, aber das war eigentlich immer schon so, dass ich schreibend erst meine Erfahrungen entdecke. Und wo das Schreiben nicht zur Entdeckung der eigenen Erfahrung geführt hat, ja, das alles könnte man einstampfen, *ça c'est de la littérature!*

RADDATZ Also ein monologisches Verfahren. Das

heißt sich mit sich selber auseinandersetzen, die eigene Erfahrung, Existenz zu überprüfen und sich bewusst zu machen durchs Artikulieren. Ist Schreiben für Max Frisch ein Stück schweigendes Aufarbeiten der eigenen Erfahrung?

FRISCH Ist es nicht merkwürdig, wie viel Antwort man auf solche Monologe bekommt? Ob Widerspruch oder Zuspruch, viele antworten wie auf eine persönliche Anrede und dabei haben sie bloß ein Taschenbuch in der Hand.

RADDATZ In Wahrheit also kein Monolog, sondern eine Selbstauseinandersetzung, mit dem Angebot an andere, sich auf ähnliche Weise mit sich mal etwas genauer auseinanderzusetzen, an Hand eines Textes. Würden Sie das Wort Aufklärung akzeptieren, hervorgerufen durch diesen Prozess?

FRISCH Aufklärung ist mir ein lieber Begriff, ich zögere bloß, ich meine ja nicht, dass ich nun die Klarheit anzubieten habe. Was biete ich eigentlich an? – Ich glaube, Sie sagten es eben.

RADDATZ Und wie geht es dem Leser Max Frisch? Es gibt ja nicht nur den Schreiber. Hat es solche Angebote für Sie gegeben?

FRISCH Wer weiß, ob ich nicht zwölf Jahre lang Architektur gemacht habe, weil ich so ein schwacher Leser bin. Wenn ich ein Buch bewundere, das heißt noch nicht, dass ich's auch zu Ende lese, es ist im Augenblick nicht das richtige Kraut für mich als Schreiber. Oft lese ich auch nur ein paar Seiten in irgendeinem Buch: um verschiedene Arten von Prosa zu schmecken. Ich bin nie, zum Beispiel, ein Thomas-Mann-Leser gewesen, hingegen ein Brecht-Leser.

RADDATZ … aber einer voller Widerstand …

FRISCH Brecht ist ein lästiger Autor, ja, er erschwert mir allerlei Bequemlichkeiten, zu denen ich neige. Robert Walser entzückt mich zuverlässiger.

RADDATZ Wie war denn für Sie der Umgang mit Brechts lyrischer Produktion, davon finde ich ziemlich wenig Spuren bei Ihnen.

FRISCH Seine Lyrik halte ich für trächtiger als sein Theater. Ich schreibe keine Gedichte. Ob seine Lyrik auf meine Prosa abgefärbt hat, das habe ich nicht untersucht.

RADDATZ Ist Ihre Form des Gedichts das Tagebuch?

FRISCH Vielleicht gäbe es Passagen, die man auf die Zeilenformen eines reimlosen Gedichts umsetzen könnte, aber öfter verlockt mich das Gegenteil, ich glaube, eine Menge reimloser Gedichte könnte man auf die Zeilenform der Prosa umsetzen, ohne Schaden anzurichten ... Wenn der Clochard sagt: »Mein Gedächtnis ist aufgebraucht, die Rolle meines Lebens spielen jetzt andere und langsam verleiden die Toten sich selbst«, das ist Prosa, die so furchtbar weit von der Brecht-Rhythmik nicht entfernt ist, ganz abgesehen vom versteckten Zitat aus dem *Dickicht der Städte*: »Das Chaos ist aufgebraucht, es war die beste Zeit.«[45]

RADDATZ Es hat ja eine ganze Weile gedauert, bis der Dramatiker Max Frisch sich wieder mal zeigte. Jetzt ist er da, sehr zögernd da, eigentlich wieder nicht da, hat lauter kleine Teilgeburten. Ist das Plan?

FRISCH Lausanne[46] ist kleiner als Hamburg, das ist wahr, sogar kleiner als Zürich, aber ich wollte einmal mit Michel Soutter arbeiten, ja, und dann gab ich das Stück, das mir nämlich am Herzen liegt, nach Warschau. In der Übersetzung von Zbigniew Herbert. Und da ich mich in Warschau mit Erwin Axer verstand, gab ich ihm das Stück auch für das Burgtheater in Wien. Ist es das, was Sie mit kleinen Teilgeburten meinen? – In Frankfurt am Main, Bundesrepublik, hatte ich Pech, dort haben Minks und Johannes Schaaf sich verkracht, und das führte zum Vertragsbruch kraft Mitbestimmung durch ein Ensemble von Ideologie-Darstellern, die haben zwar den Spielplan in einer Vollversammlung gebilligt, aber ohne das Stück gelesen zu haben.[47]

RADDATZ Sehen Sie kein deutsches Theater mehr, nicht, wie Sie es meinen? Sie reisen übermorgen nach New York – aber Berlin, Bochum, Köln ist zu weit?

FRISCH Ich suche Regisseure, die lesen können. Das ist keine geographische Frage. Im Übrigen träume ich von einer Loft in Soho, was vielleicht auch dumm ist.

RADDATZ Eine Frage, die nur scheinbar das Thema verlässt: das Element des Eitlen. Das ist ja ein Vorwurf, der Ihnen gerade an Hand des *Montauk*-Buches gemacht worden ist – einerseits im Gewand und in der Geste des Bescheidenen, in Wahrheit ein doch sehr eitles Ausstellen des Eigenen. Fühlen Sie sich da betroffen, ertappt?

FRISCH Ich bin nicht so eitel, dass ich meine, ich sei überhaupt nicht eitel. Sie sehen, Raddatz, Sie haben mich ertappt.

RADDATZ Wobei gerade bei diesem Buch der Vorwurf hinzukommt, dass Sie mit Ingeborg Bachmann eigentlich unfair umgegangen seien. Haben Sie selber das Gefühl, dass das so ist? Oder ist es ein pathetischer Abschied?

FRISCH Wieso unfair? Es ist allerdings eine Huldigung aus der Nähe, nicht auf Grund verzückter Unkenntnis, ja, und dann heißt es: »Das Ende haben wir nicht gut gemacht, beide nicht.« Empfinden Sie das als üble Nachrede? Ein Eingeständnis in Trauer, das ist es schon. Der Vorwurf, das Buch sei unfair gegenüber Ingeborg Bachmann, ist das Ihr eigener Vorwurf? Dann muss ich Sie bitten, dass Sie ihn begründen – an Hand des Textes ... Übrigens handelt es sich natürlich nicht um ein Porträt der Person, überhaupt liefert dieses Buch keine Porträts, dargestellt wird eine Gemütsverfassung, eine versöhnliche übrigens, auch keine Chronik, nein, da würde ja sehr vieles fehlen, was wichtig ist, aber in der temporären Gemütsverfassung nicht assoziiert wird. Zum Beispiel nicht die Kindheit, der ganze Weltkrieg nicht, das Militär nicht, Brecht nicht und so weiter. Ich weiß, das Montaigne-Motto hat viel Verwirrung gestiftet: »Dies ist ein aufrichtiges Buch, Leser.« Im Französischen heißt es: »*C'est un livre de bonne foi*«, und ich hätte nicht die vorhandene Übersetzung verwenden dürfen, sondern es hätte da heißen müssen: »Dies ist ein Buch in guten Treuen.« Und das ist es. Ich bereue es nicht.

RADDATZ Apropos Aufrichtigkeit, Treue, Wahrheit: Warum leben Sie so viel in Amerika, verlassen jetzt gerade wieder Zürich, in einem Moment, da Zürich fast wie ein Synonym für Unruhe in Europa steht?

FRISCH Ich verstehe nicht ganz, was der Umstand, dass ich zur Zeit der Zürcher Unruhen,[48] also im letzten Frühjahr und dann wieder im Herbst, in den USA gewesen bin, ich verstehe nicht, was das zu tun hat mit der grimmigen Frage nach meiner Aufrichtigkeit. Und dass ich Zürich wieder verlasse, grad jetzt, wo Sie es als Synonym wichtig finden: ... *Zürich enters the sixties*, ja, als ich das in der *New York Times* las, dachte ich auch, das sei ein Aufguss von damals, und mit dieser Meinung kam ich zurück, hörte dann von Freunden, das sei etwas sehr anderes, was da stattfindet. Und es sei noch schwer zu analysieren. Die lesen nicht Marcuse, Marx schon gar nicht, Mao ist erledigt. Und nicht einmal die Hochbürgerpresse findet die sogenannten Drahtzieher. Ein Bankier vermutet: Das wird von Deutschland her geschürt. Von West-Deutschland. Konflikte sind ja immer importiert! Und trotzdem, ja, ich gebe es ja offen zu, Herr Raddatz, trotzdem flog ich im Herbst wieder gen Amerika. Und so gehen diese Unruhen eben weiter. Sie werden sich verschärfen. Schauen Sie sich die Zürcher City an: Eine alte Buchhandlung rentiert nicht mehr, eine Boutique muss her, Profit-Maximierung bis zur Selbstverblödung, und das frustriert ja nicht nur die Jugendlichen, aber die können noch auf die Straße gehen, die Bahnhofstraße. Wenn Sie etwa Lehrer sind, seien Sie vorsichtig. Die Repression in der Schweiz ist frappant. Und was da vor sich geht und so plötzlich, Herrgott, so plötzlich, nachdem wir, die Schriftsteller, seit Jahrzehnten darauf hingewiesen haben: Da bricht etwas in sich zusammen! Und dazu braucht es keine Nestbeschmutzer mehr, jetzt kommt der Schock, nämlich, dass gar die *New York Times* anfängt zu zweifeln, zu spotten oder sogar zu recherchieren – da wird es halt für die Schweiz, als Bankplatz, plötzlich ernst.

RADDATZ Aber für den Autor Frisch auch. Vielleicht bräuchte die Öffentlichkeit den Interpreten dessen, was da geschieht. Ihnen stünde ja wahrscheinlich sogar die *Neue Zürcher Zeitung* offen. Müssten Sie nicht Ihre Stimme erheben?

FRISCH Ich muss Sie enttäuschen. Vor ein paar Jahren habe ich meine persönlichen Erfahrungen in der Schweizer Armee beschrieben, das musste natürlich bestritten werden, und als ich die genannte Zeitung, unser einziges Weltblatt, darauf hingewiesen habe, dass ihre politische Kritik leider mit gefälschten Zitaten arbeitet, weder hat der Zitaten-Fälscher (Prof. Ernst Leisi, Universität Zürich) sich für das Versehen entschuldigt, noch hat die Chefredaktion (Dr. Fred Luchsinger) eine Berichtigung zugelassen.[49] So viel zu den Möglichkeiten, »die Stimme zu erheben«, wenn man dabei gewesen ist, und wie gesagt, bei den bisherigen Zürcher Unruhen bin ich nicht dabei gewesen. Ein junger Autor, Reto Hänny, ist dabei gewesen und hat geschrieben, was man in vier Tagen bei der Zürcher Polizei als Verhafteter erlebt, das konnte in Zürich dann als Privatdruck veröffentlicht werden, später bei Suhrkamp.[50]

RADDATZ Man muss nicht das Schnitzel in der Pfanne gewesen sein, um ein Schnitzel in der Pfanne zu schildern. Ihnen muss ich doch nicht Flaubert zitieren. Sie wissen ja, um was es geht. Sie müssen nicht wirklich mit Steinen geworfen haben auf der Straße, um, was ich sage, der gute Interpret sein zu können. Eine ganz wesentliche Rolle, auch für die sogenannte bürgerliche Welt, auch in der Bundesrepublik, die eine Interpretation von Ihnen läse, notfalls gar verstünde. Es nützt da gar nichts, dass alle Zeitungsredaktionen sich inzwischen den »jungen Mann fürs alternative Leben« engagiert haben. Auch Leute, die die *ZEIT* machen, würden wohl auf Frisch hören.

FRISCH Wem, lieber Raddatz, wollen Sie damit schmeicheln? … Zur Sache: Was wollen diese Jungen denn? Die wollen selber machen. Darum geht es ja doch. Die wollen keine Arrivierten als Hebamme, und daran tun sie auch gut, denke ich.

RADDATZ Da Sie das Wort arriviert benutzen – Erfolg, Geld: Was hat das mit Ihnen, Ihrem Leben gemacht?

FRISCH Wie Sie mir auf den Leib rücken! Ich verdiene etwa so viel wie ein Chefarzt. Aber was Sie beunruhigt, das ist wohl eher der Erfolg, der schriftstellerische. Und da habe ich großes Glück gehabt, meine ich. Der Erfolg ist bei mir sehr langsam gekommen, der Ruhm kam sehr spät. Denken Sie an Grass, an Handke! Ich fürchte, mein Charakter wäre dem nicht gewachsen gewesen. Und trotzdem, ja, es stellt sich schon die Frage, wie Ruhm sich in der Werkstatt auswirkt.

RADDATZ … Das *ist* meine Frage …

FRISCH Ich bin begabt im Vergessen. Beim Schreiben vergesse ich meistens, dass ich im Namen von Max Frisch arbeite, und dann fühle ich mich wohler.

RADDATZ Und in Ihrem persönlichen Leben? Reguliert so was nicht auch sehr stark das persönliche Leben, die Beziehung zu Frauen zum Beispiel?

FRISCH Muss ich Ihnen darauf antworten?

RADDATZ Nicht, wenn Sie nicht wollen. Also eine andere Frage: Was ist das zentrale Problem? Welches zentrale Problem, meinen Sie, haben Sie nicht gelöst?

FRISCH Ich dachte immer, das sei die Frage, die Sankt Peter stellen wird beim Check-in. Und dabei weiß er's schon, was Sie bloß vermuten: dass mir ganz vieles nicht gelungen ist. Das zentrale Problem? Wie bleibt man lebendig, wie offen kannst du dich denn halten zwischen dem Bildnis, das die anderen sich von dir machen und das du dir selbst machst, ja, das Ich und die andern, das ist für mich ein sehr zentrales Problem …

RADDATZ Eigentlich sehr private Definitionen.

FRISCH Privat, ja, dieses Schreckwort im deutschen Feuilleton seit ungefähr dreizehn Jahren …

RADDATZ Wenn ich Sie eben gefragt habe, was scheint

Ihnen nicht gelungen nach einem verhältnismäßig langen, kreativen Leben, sagen Sie, ganz vieles vielleicht nicht. Und Ihr ganzes Œuvre formuliert ja auch die Illusion der Bindung, die Grenze. Nur: Wie Sie da heute sitzen und sprechen, spüre ich wenig Bitterkeit, gar Resignation, sondern ein sich auf freundliche Weise Abgefundenhaben. Ist das ein richtiger oder ein falscher Eindruck?

FRISCH Warum haben Sie denn Bitterkeit erwartet? Trotz oder wegen des Bewusstseins von der Limitiertheit zum Beispiel der Zwei-Menschen-Beziehung? Was hilft, ist die Kreativität, Phantasie, die Möglichkeit, sofort eine Interpretation von einer Situation zu machen. Es ist nicht zufällig, dass ich ziemlich viel sehr früh über Eifersucht geschrieben habe,[51] obwohl ich nicht mehr durchgemacht habe in dieser Branche als wahrscheinlich viele. Wobei die Eifersucht das klassische Beispiel ist für die Situation, die Sie sich mit halbem Wissen, mit Unwissen zusammenreimen, bis es stimmt. Sie können sich irrsinnig täuschen hierüber, aber Sie sehen das – Warum tut er das? Warum tut sie das? –, es ist klar, und Sie reimen das zusammen, und es kann für Sie die Lösung sein.

RADDATZ Kreativität als Chance zum Überleben? Als Überwinden von Verletzungen?

FRISCH Man ist ja nicht nur verletzt, verdammt nochmal, manchmal auch glücklich. Aber sterblich, ja. Und was die Kreativität betrifft, ja, das ist auch so ein flinkes Wort. Was möchten Sie wissen?

RADDATZ Ob Literatur ein Stückchen Lebenshilfe für Ihr eigenes Leben ist.

FRISCH Literatur als Therapie, so nennt es Adolf Muschg in seinen Frankfurter Vorlesungen, in der Tat, manchmal hofft man mit der Existenz zu Rande zu kommen, indem man sie darstellt, indem man sie darzustellen versucht, Literatur als Notwehr – oder wie Sie sagen: ein Stückchen Lebenshilfe.

RADDATZ Ist Ihnen das immer so gegangen, oder hat es Momente gegeben, wo Sie gemeint haben: Nein, ich mache jetzt Schluss, ich schaff's nicht mehr, ich schaff's auch nicht mehr durch die Phantasie-Therapie, mein Leben wieder in die Balance zu bringen?

FRISCH Ihre Anteilnahme, Herr Raddatz, geht sehr weit …

RADDATZ Das ist der Sinn dieses Gesprächs. Da Sie nicht verneinen: Heißt das, dass Sie in Wahrheit jedes Mal bei null wieder anfangen, wenn Sie neu schreiben?

FRISCH Ich weiß es nicht.

RADDATZ Es gibt ja Leute, die nach einer Weile einfach aufhören oder es nicht schaffen.

FRISCH Wenn ich's nicht mehr schaffe, so werden Sie es gelegentlich erfahren. Warten Sie ab: Wenn ich weiterschreibe, so sicher nicht in der Meinung, die deutsche Leserschaft würde sonst warten. Aber wenn ich nicht arbeiten kann, das stimmt schon, dann wird es schwierig für mich. Ja. Sehr schwierig.

RADDATZ Hat das, was Sie eben geschildert haben, nicht auch etwas Unkeusches? Dieses Stück Selbsttherapie anderen Leuten zu offerieren? Erst mal und eigentlich ist es ja etwas, was man mit sich selber ausmacht. Woher kommt eigentlich der Hochmut, die hybride Geste, das andern auch mitzuteilen?

FRISCH Diese Frage verstehe ich. Das fragt man sich selber in Stunden des Katzenjammers, und es gibt Leute und darunter Freunde, also Leute, die einen ja nicht verletzen wollen und daher nur hintenherum sagen: Warum kommt er mit seiner Therapie zu uns? Und das Element des Unkeuschen, ja, in dieser keuschen Gesellschaft! Je größer die geographische Distanz, umso weniger nimmt man es mir übel. Ein Mexikaner oder ein Pole, sogar schon die Amerikaner scheinen es nicht zu merken, geschweige denn ein Georgier, das Element des Unkeuschen scheint abzunehmen mit der geographischen Distanz. Wie erklären Sie mir das? Oder die Norweger oder Leser in einem sibirischen Arbeitslager, nein, es ist komisch: Offenbar merken die gar nicht, dass der Max Frisch immer von sich selbst schreibt und wie privat das alles ist, das heißt, dass es sie nichts angeht … Langsam wird's blöd. *Der Mensch erscheint im Holozän*, nun ja, dieser Herr Geiser in der Erzählung ist nicht so viel älter als der Frisch, Herr Geiser verendet im Tessin, und dort hat Max Frisch doch ein kleines Haus, bitte, wenn das nicht autobiographisch ist! Und also privat! Und ich gebe zu: Die Wanderung, die der Herr Geiser macht vor seinem natürlichen Tod, ja, die kenne ich. Im topographischen Sinn, meine ich. Diese Beschreibung des Weges, wie auch anderes, was über das Val Onsernone berichtet wird, ist authentisch. Bin ich deswegen Herr Geiser? Es gab in dem Tal einen alten Mann namens Armand Schulthess,[52] ehedem ein Beamter, ein Eremit, der jetzt, im Alter, plötzlich alles wissen wollte. Wie *Bouvard und Pécuchet*, die närrischen Enzyklopädisten. Und wie mein Herr Geiser, der seine Stube tapeziert mit inkohärenten Lexikon-Informationen. Um sich behaust zu fühlen in dieser Welt! Armand Schulthess hantierte anders, er schrieb das alles auf Blechdosendeckel und nagelte diese an die Baumstämme auf seinem Gelände, die Einstein-Formel, Literatur-Zitate, Zahlen aus der Statistik und so weiter, dazu seine eigenen Erkenntnisse: »Der größte

Vogel kann nicht fliegen«, was ja wahr ist, ja, und wenn man sich näherte, warf er mit Steinen, er wollte einsam sein in seinem Enzyklopädie-Wäldchen und starb vor einigen Jahren. Armand Schulthess: das Modell für meinen Geiser, nein, das kann und muss der Rezensent ja nicht wissen, aber wie kommt jeder zweite Rezensent zu der Unterstellung, das alles sei halt wieder autobiographisch? Es gibt da kein Gesetz, das von Rezensenten etwas verlangt, zum Beispiel begriffliche Genauigkeit. *Authentisch* gleich *autobiographisch* gleich *privat* gleich *indiskret* oder *irrelevant* und so weiter … Eigentlich fragen Sie mich, ob ich mich denn nicht schäme. Nicht dass Sie das wirklich wissen wollen. Aber wie zieht der Befragte sich aus der Affäre? Und das ist doch der Witz, ja, das Feuilleton ist doch der unterhaltende Teil einer sonst so ernsten Zeitung. Sind wir unterhaltend? Ich hoffe sehr, lieber Raddatz, aber was nun die Sache betrifft, ich meine die Schriftstellerei, grad meine Art von Schriftstellerei, die der Öffentlichkeit offeriert, wie Sie sagen »offeriert«, was ich erlebe, aber nicht nur ich, was neunzig von etwa hundert erleben, aber dem Nachbarn oder sich selbst verhehlen, das ist riskant, ja, das ist es in der Tat. Hat aber Literatur, ich meine, was nach der Meinung eines Großkritikers diesen Namen verdient, hat das nichts zu tun mit der konkreten Erfahrung der *condition humaine*, also was ihr das Private nennt, oder wie ist das? Das wäre meine Frage an Sie, lieber Raddatz.

Polemik – ein Gespräch mit Max Frisch

(1981)

Wer sich als öffentlicher Intellektueller so exponiert, wie Max Frisch es zeitlebens getan hat, kann auf konstruktive Widerrede hoffen, muss aber häufig genug mit Ablehnung und Anfeindung leben – oder erntet eisernes Schweigen. In seinen literarischen Texten ebenso wie in seinen politischen Interventionen hat Frisch vielfach polemisiert und entsprechend polarisiert. Aus welchen Gründen er dies tat und wie er mit den Reaktionen auf seine Provokationen umging, zeigt ein Gespräch aus dem Jahr 1981 mit ARTHUR ZIMMERMANN *(*1948), dem Redakteur des* PRO-HELVETIA-DOSSIERS *zu Max Frisch.*

Es handelt im Rückblick von den polemischen Auseinandersetzungen, die sich Frisch seit Mitte der fünfziger Jahre geliefert hat, und es handelt zugleich von den Bedingungen und Regeln, denen die Polemik gehorcht: von den Strategien, die sie verfolgt, vom Klima, in dem sie gedeiht oder verpufft, von den Impulsen, die ihr zugrunde liegen, von den Effekten, die sie erzielt. Die historische Folie, auf die diese Grundzüge der Polemik aufgetragen werden, ist die gesellschaftliche Situation der Schweiz in der zweiten Hälfte des 20. Jahrhunderts, doch lässt sich vieles davon verallgemeinern.

*

ARTHUR ZIMMERMANN Herr Frisch, es gibt zwischen Ihren literarischen Arbeiten im engeren Sinn – den Romanen, Erzählungen und Stücken – und Ihren öffentlichen gesellschaftspolitischen Reden oder Aufsätzen einen engen Zusammenhang, den man als Ästhetik beziehungsweise Rhetorik der Verunsicherung bezeichnen könnte. – Eine erste öffentliche Auseinandersetzung haben Sie 1954 provoziert, als Sie unter dem Titel *achtung: die Schweiz. Ein Gespräch über unsere Lage und ein Vorschlag zur Tat* zu einem städtebaulichen und gesellschaftlichen Aufbruch aufgerufen haben. Unmittelbar nach der Veröffentlichung der Broschüre *wir selber bauen unsre Stadt* haben Sie viele schriftliche Antworten erreicht, in der Schweizer Presse hat man sich plötzlich grundsätzlicher als zuvor mit der politischen Landschaft und der Utopielosigkeit befasst.

MAX FRISCH Die Grundidee stammte eigentlich nicht von mir, sondern von Lucius Burckhardt und Markus Kutter. Nachdem wir den Vorschlag[53] zusammen ausgiebig diskutiert hatten, überlegten wir uns, wie man das lancieren könnte, und hatten alle schon genügend Erfahrung, um wissen zu können: Wenn man das sachlich vorträgt, so findet es kaum Beachtung. So haben wir bewusst zuerst einmal auf die Pauke gehauen und polemisch formuliert, um Aufmerksamkeit durch Ärgernis zu erregen – das in der Hoffnung, dass wir in einer zweiten Runde antreten können und die Aufmerksamkeit haben für die sachliche Darlegung unserer Idee … Diese zweite Runde ist dann nicht zustande gekommen, obschon da und dort viel Ärger war, aber es fehlte die konstruktive Widerrede. Wir haben gehofft, wir würden durch Widerrede lernen und unsere Gedanken verbessern. Das ist leider nicht der Fall gewesen, die Widerreden waren ziemlich platt … Zu jener Zeit habe ich den *Stiller* geschrieben. Da war eine andere Gelegenheit zur Polemik: Stiller will ja zeigen, dass er kein Schweizer sei, und äußert sich über die Schweiz so bösartig, dass er sich dadurch als Schweizer verrät. Patriotismus als Hassliebe. Er kann kein Amerikaner sein, einem Amerikaner wäre die Schweiz gleichgültiger. Die Polemik in diesem Roman gehört zum Spielmuster: Stiller verrät seine Zugehörigkeit, indem er sie so hartnäckig bestreitet.

ZIMMERMANN Sie verbinden literarische Polemik im Roman unmittelbar mit der öffentlichen Tagespolemik. – Wie sehen Sie im Rückblick diese Reihe von polemischen Auseinandersetzungen, die Sie seit Mitte der fünfziger Jahre ausgelöst haben? – Ist Ihre Skepsis, die Sie aufgrund der beschränkten konstruktiven Widerrede bei *achtung: die Schweiz* äußern, eine grundsätzliche?

FRISCH Ich bin ziemlich skeptisch geworden. Die Wirkung der Polemik ist im Allgemeinen, dass man Leuten, die mit uns einverstanden sind, einen Spaß bereitet und die andern verärgert. Das würde noch kein Schaden sein, es geht nicht immer ohne Ärgernis. Aber wenn die potentiellen Vertreter des Widerspruchs sich mit dem Ärger begnügen und den Gedanken, der sie ärgert, gar nicht verstehen wollen, so ist nichts erreicht. Ich meine, die Polemik ist nur selten anzuwenden. Sie muss von Fall zu Fall überraschend sein; wenn sie zur Manier wird, so fällt sie flach. Das heißt nun nicht, dass ich fortan aller Polemik abschwöre. Es heißt auch nicht, dass ich Ärgernis vermeiden will um jeden Preis. Manchmal habe ich das Gefühl gehabt, dass ich polemisch werde, weil ich nicht genau weiß, was ich denke, das heißt, dass ich eine Denkunschärfe kompensiere durch aggressive Formulierung. Das ist mein intellektueller Selbstzweifel. Die polemische Schärfe ist allerdings nicht nur daher gekommen; neben der Selbstkritik steht eine Kritik nach außen: In einem stumpfen Klima, wie wir es in der Schweiz seit dem Zweiten Weltkrieg haben, das heißt, wenn so wenig intellektuelles

»feedback« besteht, so fängt man eben an zu schreien – oder man schweigt …

ZIMMERMANN Das »flüchtige Wort des Einzelnen« wird nicht gehört. – Ist die republikanische Rede in der alten demokratischen Tradition von Öffentlichkeit abgestorben, oder gibt es noch Reste davon, die sich in konkreten Reaktionen ausdrücken?

FRISCH Als ich in Rom lebte, war ich entschlossen, mich nicht mehr mit der gesellschaftspolitischen Situation der Schweiz zu beschäftigen, weil mir nichts Neues dazu einfiel. Ich wollte mich nicht repetieren. Man soll seinen Ärger nicht reproduzieren. Als ich in die Schweiz zurückkehrte, bin ich sofort wieder verstrickt gewesen, und zwar mit dem akuten Gastarbeiterproblem. Ich habe für das Buch *Siamo italiani* ein kurzes Vorwort[54] geschrieben, ein polemisches, und da ist nun etwas passiert: Die Behörde, die da indirekt angegriffen war, hat nicht in Beleidigtheit geschwiegen, sondern sie hat mich aufgefordert zu einem Vortrag in ihrem Kreis, nämlich an der Jahresversammlung der Eidgenössischen und Kantonalen Fremdenpolizei. Man hat den Polemiker beim Wort genommen. Das habe ich kaum erwartet. Aber nun musste ich natürlich antreten. Ich habe mich dann mit der Materie ziemlich lange befasst, um einen brauchbaren Vortrag[55] halten zu können, der in der politischen Substanz nicht anders war als der polemische Text, aber differenzierter. Das ist ein Beispiel für eine positive republikanische Reaktion auf eine Polemik. Reaktionen solcher Art habe ich sehr selten erlebt. Üblicherweise ist es so, dass eine direkte Auseinandersetzung ausbleibt, es folgt ein verärgertes Schweigen, bis irgendwo, später einmal, das Bein gestellt wird. Zum Beispiel, wenn man sich um ein Stipendium bewerben würde, so kommt man nicht in Frage. Es bleibt bei der stillen Rankünе … Das ist zum Schaden aller Mangel an republikanischer Konfrontation, das führt zu dem geistigen Klima, das wir heute haben in der Schweiz. Und für die einzelne Person: Man denkt automatisch etwas dümmer, wenn man keine produktiven Widerredner hat, man lernt wenig dazu.

ZIMMERMANN Es gibt bei Ihnen auch ein bekanntes Beispiel, wo Sie den Widerspruch selber geliefert haben: Im sogenannten Zürcher Literaturstreit (1966) haben Sie öffentlich gegen die Auffassung eines Literaturprofessors Stellung genommen, der die zeitgenössischen Schriftsteller mit vordergründigen moralischen Argumenten abqualifizierte, weil sie die Welt nicht so schön darstellen, wie er sie sich offenbar vorstellte. – Ist diese öffentliche Debatte über ein anachronistisches Kulturverständnis in Ihren Augen letztlich doch wieder ein negatives Beispiel, weil sie ergebnislos versandet ist?

FRISCH Das glaube ich nicht. Dieser Artikel[56] ist damals im Zorn geschrieben worden, er hat mehr in Bewegung gebracht, als ich erwartet habe. Ich war einfach empört, als ich die Rede von Emil Staiger hörte und die Reaktion seines reaktionären Publikums beobachtete. »Und jetzt wieder zurück zu Mozart«, so ein geistesgeschichtlicher Unsinn … Ich habe mich später nicht mehr an der Debatte beteiligt, die als Zürcher Literaturstreit bezeichnet worden ist. Ich habe keinen Grund zu klagen, ich kann nicht sagen: Das alles war gegen die Wand geredet. Es fehlt nicht an Echo, manchmal kommt es spät. Es hat sich etwas bewegt. So flüchtig ist das Wort des Einzelnen vielleicht doch nicht.

ZIMMERMANN Wie machen Sie das als Handwerker, damit dieser Dialog zustande kommt? Sie reden ja allein.

FRISCH Eine Rede ist gut, wenn sie einen Dialog supponiert oder insinuiert, also wenn sie mehr ist als ein Monolog dieser oder jener Überzeugung. Zwar redet man allein, aber die Form der republikanischen Rede inszeniert einen Dialog. Ich glaube, dass wir in der Schweiz dafür eine Tradition hätten. Ich habe deutsche Autoren gehört, die ausgezeichnet geredet haben, und sie hatten auch etwas zu sagen, aber es blieben Monologe. Wenn unsere Landsleute öffentlich reden, Otto F. Walter oder Peter Bichsel zum Beispiel, so sind es immer Dialog-Reden, das heißt, sie zwingen den Zuhörer zur Partizipation. Wenn ich im Schauspielhaus Zürich eine Rede zu halten habe, weiß ich mehr oder weniger, wo die Empfindlichkeiten liegen, die ich entweder zu schonen habe oder gerade nicht zu schonen gedenke. Ohne diese Kenntnis ist eine Dialog-Rede natürlich nicht möglich. Der Zuhörer einer Rede, meine ich, sollte das Gefühl haben, dass man seine Denkweise kennt und ihn selber zum Widerspruch einlädt. Er muss überzeugt werden, dass er selber zu einer Einsicht gekommen ist, nicht, dass er belehrt worden ist.

ZIMMERMANN Wie sind Sie persönlich mit den Wirkungen zuweg gekommen? Es liefen ja auch Schimpf- und Herablassungskampagnen gegen Sie, und es ging sehr weit. Wie wird man mit so etwas fertig?

FRISCH Das kommt immer wieder vor. In einem gewissen Sinn gewöhnt man sich natürlich daran, aber zum Glück auch wieder nicht. In früheren Jahren habe ich immer gemeint, ich müsse darauf antworten mit einem Brief. Manchmal schreibe ich auch heute noch einen Brief, aber ich schicke ihn nicht weg. Wenn es Zeitungen sind, die zum öffentlichen Angriff übergehen, so ist das Muster nachgerade bekannt: Sie behandeln nicht den Gegenstand aus ihrer anderen Sicht, sondern sie behandeln den Mann, der zu diesem Gegenstand eine andere Sicht hat als sie. Das geht von der Herablassung bis zur Zitatfälschung, der Zweck ist klar: Man muss den Gegner in ein schlechtes Licht bringen, um sich die inhaltliche Auseinandersetzung ersparen zu können. Im Fußball gibt das die gelbe Karte: Spiel nicht mit dem Ball, sondern gegen den Mann … Wie man damit fertig wird? Es ist nicht immer lustig, aber es ist auch nicht so schwer, dann und wann habe ich die Gelegenheit gehabt, jemand persönlich zu treffen, der mich seit Jahren angeflegelt hat, und es war dem Herrn so peinlich. Das Alter hat ja auch Vorteile, leider wenige, zum Beispiel hat man mit den Jahrzehnten erfahren, wie Moden wechseln und Urteile sich mausern, wie eine publizistische Anöderei sich in persönliche Achtungstellung verwandelt, wie schofel das manchmal zugeht. Versöhnung ist nicht nötig. Für Selbstachtung muss man schon selber aufkommen.

ZIMMERMANN Die Polemik lässt sich nicht wiederholen, sie ist auf Unmittelbarkeit und auf eine Öffentlichkeit angewiesen. Im Anschluss daran wäre zu fragen, welche Funktion die Debatte für die Öffentlichkeit hat, ob sie beispielsweise dazu beiträgt, die Öffentlichkeit zu verbreitern, ihre Uniformität zu durchbrechen. Auf die zunehmende industrielle Herstellung des Bewusstseins des Einzelnen reagieren Sie einerseits mit der unmittelbar zeitbezogenen Polemik, anderseits auch mit der literarischen Polemik etwa im *Dienstbüchlein*, oder schon früher mit dem *Wilhelm Tell für die Schule*.

FRISCH Wenn Sie die beiden kleinen Bücher erwähnen,

so ist es wohl richtig, sie gehören in die Gattung der literarischen Polemik. Das *Dienstbüchlein*, das mir in bestimmten Kreisen einen dauerhaften Hass eingebracht hat, liegt jetzt schon sieben Jahre zurück, aber das würde ich nicht anders abfassen. Im Gegensatz zu den meisten Tagespolemiken. Die überholen sich eben im Nu. Auch den *Wilhelm Tell für die Schule* würde ich nicht ändern, da hätte ich jetzt beim Schreiben noch so viel Spaß daran wie damals.

ZIMMERMANN In den individuellen Reaktionen auf diese literarischen Polemiken auf diese zwei Erzählungen – die meines Erachtens im Übrigen sehr montierte Formen sind – kommt immer wieder zum Ausdruck, dass Sie für viele Rezipienten etwas aussprechen, ohne sie zu bestätigen, das sie auf ihre eigene Geschichte bringt. Ihre Leser erzählen Ihnen, dass es tatsächlich so ist, wie Sie es beschreiben, oder eben nicht. Mit der einen oder anderen Reaktion definieren Sie sich. Sie erzählen vom eigenen Militärdienst oder wie Sie den Wilhelm Tell sehen, der zu einem der Mythen geworden ist, die nur noch Legitimationssteinbrüche sind. Da – meine ich – sind die großen Möglichkeiten für die literarische Polemik.

FRISCH Sie fassen den Begriff nun weiter. Ich bin damit einverstanden. Die Ästhetik des Infragestellens, wie Sie es nennen, das ist tatsächlich eine durchgehende Methode in meiner literarischen Arbeit. Sie wird bei der neuen Erzählung,[57] wenn diese zustande kommt, extrem ausgeprägt sein.

ZIMMERMANN Diese Ästhetik der Verunsicherung verbindet bei Ihnen auch das literarische Werk mit den tagespolemischen Reden. In der Friedenspreisrede,[58] in der Sie im großen Bogen viele Themen umspannen und von der notwendigen Entwicklung der Gesellschaft zur Gemeinschaft sprechen, kommt dieses verbindende Element der Verunsicherung besonders stark zum Ausdruck, weil Sie es mit einer wünschbaren Kreativität im Denken verbinden.

FRISCH Die Angst vor der Versteinerung, auch vor der eigenen, und die Sehnsucht, die Forderung, die Hoffnung auf Beweglichkeit, ja, das ist in allem enthalten. Auch im Totenstück, im *Triptychon*, wo die Repetition, die Erstarrung der Lebensmuster, die Unfähigkeit, etwas umzudenken, gleichgesetzt wird mit dem Tod. Was die Verunsicherung betrifft, natürlich ist die Unsicherheit nicht ein Paradies-Zustand, aber sie ist das Präludium zur Kreation.

ZIMMERMANN Ihrer Auffassung von den gleichen wirkungsästhetischen Zielen in der Literatur und der Rede widerspricht die Literaturkritik, jedenfalls die konservative. In der Letzteren hat das sozusagen Methode, die Abtrennung der Polemik von der Literatur. Wie reagieren Sie auf das literarische Lob, das auf dem polemischen Auge blind ist?

FRISCH Das ist die bürgerliche Methode. Was sie nicht diskutiert haben wollen, weil es ihre Privilegien in Frage stellt, wischen sie unter den Tisch. Das ist nicht das schärfste Kampfmittel, nur das billigste. Wenn man in der gesellschaftlichen Gegend, die fast nur die *Neue Zürcher Zeitung* liest, jemand befragen würde über die Person meines Namens, es kämen die kuriosesten Dinge zum Vorschein. Die sind heute noch nicht ganz sicher, ob ich nicht der Erfinder des Molotow-Cocktails bin. Woher sollen sie es schon wissen. Das hat Folgen, zum Beispiel, wenn ich in Zürich eine Wohnung suche – aber ich muss sie ja nicht in Zürich finden ... Das Lob von der falschen Seite, von dem zu sprechen, ist langweilig, es ist leichter zu schlucken als der literarische Tadel, aber es ist nicht bekömmlicher.

Das alles hat nichts mit wirklicher Kritik zu tun, Kritik ist Auseinandersetzung und vonnöten, sie ist zu ertragen in dem Grad, als sie ernsthaft und kompetent ist. Wenn ich voll in einer Arbeit bin, komme ich ohne Lob aus; wenn ich nicht arbeiten kann, wenn meine Arbeit mich nur enttäuscht, bin ich empfindlicher auf Tadel, und übrigens tröstet mich dann ein Lob auch nicht.

ZIMMERMANN Es gibt auch eine Lust an der Gefährlichkeit …

FRISCH Die ist da. Kein Zweifel. Es macht auch Spaß, manchmal einen Stein in den trüben Tümpel zu werfen. Wen lockt das nicht? Die Voraussetzung dafür ist natürlich eine gewisse ökonomische Unabhängigkeit.

ZIMMERMANN Diese Unabhängigkeit erlaubt Ihnen auch das Eingreifen mit dem öffentlichen Wort – ein wichtiger Aspekt, der zu Angriffen gegen Sie geführt hat.

FRISCH Ich weiß, manche Leute mögen es nicht, wenn einer von seiner Unabhängigkeit gelegentlich Gebrauch macht, andere sind der Meinung, dass es meine Pflicht sei, öffentlich zu sagen, was sie zu sagen sich nicht leisten können. Die Frage ist dann nur noch, ob sich für unabhängige Meinungsäußerungen ein publizistisches Forum findet, wenn die großen Inserenten, Warenhäuser zum Beispiel, bestimmen können, was in unserem Land gesagt werden darf und was nicht.

ZIMMERMANN In der Öffentlichkeit wurde in der letzten Zeit wiederholt betont, dass Sie in New York wohnen, dass Sie sich vielleicht doch nicht mehr eigentlich für diese »kleinen« schweizerischen Verhältnisse interessieren, klein nicht in der Bedeutung, sondern in der Enge, in der sie sich zeigen.

FRISCH Das meine ich auch, die Enge hat nichts zu

tun mit dem geographischen Umfang unseres Landes, sondern allein mit der politischen Repression innerhalb seiner Grenzen. Was schweizerisch ist, bestimmen offenbar die Banken und ihre offiziösen Trabanten, dementsprechend ist heute auch das Ansehen der offiziösen Schweiz in der Welt ... Was kann ein Schriftsteller tun? Ich habe zuletzt eine Erzählung geschrieben, die im Tessin spielt, *Der Mensch erscheint im Holozän*, und die auf die Schweiz von heute nicht eingeht, man kann ja unsere Lage auch erdgeschichtlich sehen.

ZIMMERMANN Was im *Holozän* die erdgeschichtliche Perspektive ist, ist in *Montauk* beispielsweise die aus biographischem Material montierte Geschichte einer Freundschaft zwischen zwei Schulkameraden, die weit über sich hinausweist und in der das Gesellschaftliche, das Politische im Literarischen vollständig aufgeht. Die falsche Alternative – Literatur *oder* Politik, erzählen *oder* polemisieren – wird gegenstandslos. – Wie sehen Sie das als Autor am erwähnten Beispiel aus *Montauk*?

FRISCH Erzählt wird aus eigener Erfahrung das freundschaftliche Verhältnis zwischen einem Kleinbürgersohn und einem Großbürgersohn. Das ist alles. Ein Text, der keine einzige Vokabel aus der politischen Terminologie verwendet. Ich glaube ohnehin immer mehr, dass diese Terminologie verbraucht ist, die konkrete Erzählung eröffnet mehr Wirklichkeit, und natürlich ist es eine politische Wirklichkeit. Erzählt wird das schmerzliche Scheitern einer Freundschaft, und sie scheitert an klassenspezifischen Verhaltensmustern auf beiden Seiten.

ZIMMERMANN Wir sind von der Polemik ausgegangen und wieder bei den in sich selbst abgeschlossenen, literarischen Formen angelangt.

Jedes Wort ist falsch und wahr

(1981)

Auch das zeichnet einen großen Autor aus: dass er markante Sätze hinterlässt, die in den unterschiedlichsten Zusammenhängen immer wieder zitiert werden und manchmal sogar sprichwörtlichen Status erlangen. Max Frisch hat eine Reihe solcher Sätze geprägt, von »Schreiben heißt: sich selber lesen« über »Ich probiere Geschichten an wie Kleider« bis zu »man hat Arbeitskräfte gerufen, und es kommen Menschen«.

Von klassischen Frisch-Sätzen ging auch der Journalist GEORGES WASER *(*1946) aus, als er 1981 anlässlich des 70. Geburtstags für den* RHEINISCHEN MERKUR *mit Frisch sprach. Er führte eine Art ›Florilegium-Interview‹. Die Technik ist so einfach wie ergiebig: In einer Blütenlese sammelt der Interviewer Aussagen aus den Texten seines Gegenübers, leitet daraus Fragen ab oder bittet darum, die Sätze zu erläutern. So entsteht ein Kommentar des Autors zu einigen zentralen Motiven seines Werks und dessen Entstehung.*

*

GEORGES WASER »Schreiben heißt: sich selber lesen« – so äußern Sie sich in Ihrem ersten Tagebuch. Und ein anderes Mal, nämlich in *Montauk*: »Ich schreibe für mich« … In seinem Festvortrag[59] zu Ihrem 70. Geburtstag bezeichnete Sie Hans Mayer dagegen als einen Künstler des Verschweigens – »Wer alles gelesen hat«, so der Tübinger Professor, »kennt Max Frisch durchaus nicht besser!« Wie ist das auf einen Nenner zu bringen?

MAX FRISCH Das ist tatsächlich meine Position. Es

ist der Drang nach Selbsterkenntnis, der Drang nach Selbstverwirklichung als Motivation für das Schreiben dieser Art, wie ich es mache. Es ist auch so, dass ich nie im Voraus weiß bei meiner Arbeit, wo sie hinführt. Das heißt, ich meine es zu wissen, weiß aber, dass das eine Hypothese ist; und die Arbeit selber ist ein Research, eine Erforschung in eine Terra incognita hinein, die man selber ist. Das Schreiben ist nicht allzu weit entfernt von einer Psychoanalyse, das heißt, dass Dinge zum Vorschein kommen – indem ich schreibe –, die mir sonst nicht bewusst sind. Was Hans Mayer betrifft: Er wollte mich da wohl schützen gegen die im Augenblick modische Verdächtigung, dass ich ja immer nur über mich schreibe. Das heißt, dass es autobiographisch ist, alles was ich schreibe, wobei autobiographisch dann negativ gemeint ist. Und das ist natürlich so, man arbeitet mit autobiographischen Materialien – aber in einer fiktionalen Zusammenstellung. Also könnte mich die Polizei – wenn sie mich finden müsste – mit dem, was ich geschrieben habe, nicht identifizieren. Die Mischung von autobiographischen Fakten und fiktionalen Elementen wird immer verwirrend sein und taugt also nicht für einen Steckbrief.

WASER In Bezug auf die Sprache haben Sie schon gesagt: »Jedes Wort ist falsch und wahr, das ist das Wesen des Worts« – so heißt es in *Stiller*. Und später noch: »Wir haben die Sprache, um stumm zu werden.« Wie arbeiten Sie mit dem einzelnen Wort, mit dessen Sinn?

FRISCH Da hat sich einiges geändert. Sagen wir: Die Zeiten, als ich *Stiller* geschrieben habe, die ersten Romane, war ich nicht sehr sprachbewusst. Ich habe mich gehenlassen, was auch sehr positiv sein kann – bin später sprachbewusster geworden, auch sehr viel knapper. Und wenn es hier heißt – in diesem Zitat –, dass jedes Wort wahr ist und falsch ist, so stimmt das. Es kommt nun darauf an, wie man eine Montage macht mit verschiedenen Wörtern, wie die Collage zustande kommt. Es ist zum Beispiel in der letzten Arbeit, *Der Mensch erscheint im Holozän*, sehr weitgehend zum Ausdruck gekommen, dass ich meine Meinungen, meine Gedanken gar nicht mehr direkt mitteile, sondern nur noch durch die Schnitte, wie man im Film sagen würde, durch die Collage – denn das Wort X hat im Zusammenhang mit dem Wort Y eine andere Farbe als mit dem Wort Z. Und ich liebe auch, mehr als ich es vielleicht früher getan habe, die Ambivalenz. Wobei ich aber sehr betonen möchte: Ich meine damit nicht eine Vagheit, sondern die präzise Ambivalenz.

WASER Stiller sagt einmal in seinen Gesprächen mit dem Gefängniswärter: »... gerade die enttäuschenden Geschichten, die keinen rechten Schluss und also keinen rechten Sinn haben, wirken lebensecht.« Sind Sie als Erzähler mit Stiller einverstanden?

FRISCH Alles, was geschehen ist, verleitet uns dazu, dass wir der Sache einen Sinn geben – das heißt, dass es so kommen musste. Diese Gläubigkeit habe ich nicht. Wir sind skeptisch geworden, skeptisch gegen die Dramaturgie, die auch im Roman ist: die Dramaturgie »so ist es geschehen, es hat nicht anders geschehen können«. Als Leser hat man den Eindruck, hier will ein Autor seine Meinung beweisen, doch die beweist gar nichts, diese Sache, die er darstellt. Ich ziehe es vor, wenn für mich als Leser die Irritation offenbleibt, ob da ein Sinn ist, ob da kein Sinn ist; ich bin – ein heikles Wort, was ich jetzt brauche – sinnskeptisch geworden, sinnscheu geworden.

WASER »... ich möchte wissen, was ich wahrnehme

und denke, wenn ich nicht an mögliche Leser denke« – so überlegen Sie in *Montauk*. Haben Sie mit dem Buch dieses Ziel erreicht, waren Sie mit dem Resultat einverstanden, oder haben Sie sich später dann doch gesagt: Hier oder dort ist es nicht beim Vorsatz geblieben?

FRISCH Das ist natürlich gesagt auf dem Erfahrungsstand eines Schriftstellers, der schon ziemlich viel publiziert hat, sich seiner Schriftstellerei bewusst geworden ist – er weiß, dass er gelesen wird, er wird daraufhin angesprochen. Ich habe nie gemeint, dass ich einen Markt bediene, also dass ich nach Wünschen schreibe; auf der anderen Seite wäre es unehrlich, zu sagen, dass man nicht an einen Leser denkt. Zwischenhinein – nicht bei jeder Zeile, nicht bei jedem Wort. Als ich *Montauk* schrieb, war es nun eben so, dass ich einfach gesagt habe, ich bin oder ich fühle mich nicht verpflichtet, einen Sinn abzuliefern, ich fühle mich nicht verpflichtet, unterhaltsam zu sein, ich fühle mich nicht verpflichtet, belehrend zu sein, sondern: Ich möchte reden. Nichts weiter – ich möchte reden, und nun tu ich's. Und selbstverständlich: das ist der Vorsatz zur Unschuld, und das ist die Unschuld noch nicht. Es sind natürlich doch Dinge hineingekommen, wo ich auch mit dem Wissen des Lesers spiele, mit sehr viel Insights, Kenntnissen spiele. Ich bin aber froh, dass es so ist – ich wollte diese Widersprüchlichkeit eigentlich selbst zur Darstellung bringen. Das Schreiben ist ja in diesem Buch *Montauk* eigentlich ein Thema des Buches selbst: dass Leben Literatur wird und Literatur wieder gelebt wird …

WASER »Früher fühlte er sich freier«, schreiben Sie in Ihren Tagebüchern; »im Misslingen war mehr Hoffnung.« Später werde der Trieb, irgendetwas zu erzeugen, schwächer als der gleichgebliebene kritische Verstand …

FRISCH Wenn Sie sich vorstellen, Sie sind ein 25-jähriger Mensch und Sie schreiben jetzt ein Theaterstück – und Sie wissen, der zweite, der dritte Akt sind leider sehr schwach, aber dann ist da wieder etwas gut –, so sind Sie eher zufrieden damit, als wenn Sie das mit fünfzig Jahren machen oder mit sechzig Jahren. Und zwar einfach, weil Sie Ihr Misslingen schon langsam kennen. Und das sieht so aus wie etwas, was Ihnen an Ihrem Gesicht immer wieder missfällt, wenn Sie in den Spiegel schauen – Sie gewöhnen sich daran, aber es ist nicht mehr stimulierend. Man ist belästigter durch das Misslingen. Es ist eigentlich nicht so, dass man schärfer darauf aus ist, dass alles nun gelingen muss – man weiß, dass sehr wenig gelingt. Es ist auch nicht einmal so wichtig, dass es gelingt. Das Wichtige, Entscheidende ist selbstverständlich die Arbeit, das Risiko der Arbeit.

Es wäre auch noch zu sagen, dass man das Misslingen früher feststellt; mit dreißig Jahren konnte ich bei einem Manuskript immer noch die Hoffnung haben, es wird einmal gelingen, wogegen ich jetzt früher weiß, so wie es jetzt ist, kann es nicht gelingen. Also wird man kritischer; und der Impuls der Produktion … ich weiß nicht, ob er schwächer wird – aber er verändert sich.

WASER Zu Ihrem Publikum sagen Sie in *Montauk*: »Oft schätzen sie, was ich heute nicht mehr schreiben möchte, und man kommt sich fast wie ein Verräter vor …«.

FRISCH Es ist meistens eine Pein, die eigenen Sachen anzusehen. Robert Walser wollte von allem, was er geschrieben hatte – und er war noch nicht so alt, fünfundvierzig, fünfzig, als er in die Heilanstalt kam –, überhaupt nichts mehr wissen. Das heißt nicht, dass das nicht sehr, sehr gut war. Man löst sich von den Werken ab, und es ist eigentlich gut, wenn man sich ablösen kann. So allein wird man wieder frei für eine neue Produktion.

WASER In *Stiller* vernehmen wir, dass es sich bei der Sprache der Eidgenossen um eine »höchst liebenswerte, wenn auch nicht gerade klangschöne, aber erdig-dingliche und bei genauerem Hinhören gar nicht unzärtliche Sprache« handle. Was für ein Verhältnis haben Sie heute zu der Schweizer Mundart?

FRISCH Die Mundart ist eine konkrete Sprache. Dies hat den Vorteil, dass für uns deutschschweizerische Autoren die Hochsprache immer ein Kunstmaterial ist, ein Kunststoff. Man ist sich bewusst, dass man nicht einfach den Mund aufmachen kann und dann kommt Sprache, sondern man muss damit arbeiten, weil das Hochdeutsch eine Halb-Fremdsprache ist. Es ist eine sehr glückliche Situation. Ich möchte nicht Mundart schreiben, könnte es auch nicht. Sobald ich schreibe, weiß ich, dass ich in einem künstlichen Bereich bin – und muss allerdings die Hochsprache kennen. Ich habe ja meistens mit deutschen Menschen gelebt, auch mit hochdeutsch sprechenden Partnerinnen, so dass für mich die Hochsprache nicht eine andere Sprache ist. Aber das Spannungsverhältnis ist da, und das ist sehr produktiv.

WASER Eines Ihrer großen Themen ist die Wahrheit. Mit dem Ausspruch, dass man öffentlich die Wahrheit nicht mehr sagen könne, spricht Celestina in *Don Juan* auch für den Lehrer in *Andorra*; auch er stellt fest, dass die Wahrheit nicht erwünscht ist. In *Die Chinesische Mauer* geht es wiederholt um die Wahrheit – sowohl Pilatus und Kolumbus kommen nicht vom Gedanken an sie los – und natürlich auch in *Biedermann und die Brandstifter*. Sie zeigen sich in diesen Stücken fast wahrheitsbesessen; übrigens auch in

Wilhelm Tell, wo Sie mich als Autor an den Lehrer in *Andorra* erinnern, wie er in den Schulbüchern Seite um Seite mit dem Rotstift anstrich, was nicht wahr war. Dieses Beschäftigtsein mit der Wahrheit hat sich in Ihrem neueren Werk ziemlich gelegt. Wie kommt das?

FRISCH Einverstanden – Sie meinen mit dem neueren Werk wahrscheinlich *Triptychon* und *Der Mensch erscheint im Holozän*, die Arbeit der letzten Jahre. Ich denke natürlich im Augenblick an die Arbeit, mit der ich mich gerade befasse, und dann stimmt Ihre Vermutung ganz und gar nicht. Sie wird vielleicht sogar den Titel *Die Wahrheit und nichts als die Wahrheit*[60] bekommen – wobei allerdings ganz klar ist, dass es die Wahrheit nicht gibt, sie also nicht zu finden ist, nicht ausdrückbar ist. Aber die Versessenheit ist auch eine Ironie auf die Wahrheitsfindung. Ich will über das Buch weiter nichts sagen, aber es ist im Stil der Zeugeneinvernahme verfasst, in der juristischen Technik der Wahrheitsfindung.

WASER »Ehrlich sein: einsam sein«, sagen Sie in Ihrem ersten Tagebuch. Haben Sie sich persönlich einsamer gefühlt, nachdem Sie als Schriftsteller begonnen hatten, der Wahrheit nachzuspüren? In *Don Juan* bereits legen Sie dem Bischof diesen vielsagenden Satz in den Mund: »Wahrheit lässt sich nicht zeigen, nur erfinden« …

FRISCH Der letzte Satz ist eigentlich fast ein ästhetisches Bekenntnis. Das würde also heißen, auf Literatur bezogen: Wir brauchen eine Parabel für die Wahrheit, wir brauchen eine Metapher dafür, wir können eine Situation auch durch exakte Beschreibung nicht völlig darstellen, sondern – was dann eben die Dichtung wäre – eine Zauberformel. Etwas Erfundenes deckt die Wahrheit auf. Die Wirklichkeit kann man beschreiben, die Wahrheit wahrscheinlich nicht. Das, was vorher gesagt ist: ehrlich sein, einsam sein – also der Tonfall dieses Satzes gefällt mir heute nicht mehr, er ist mir zu sentimental, auch etwas wehleidig. Ich bin heute sehr glücklich darüber – sehr überrascht und glücklich –, dass die jüngere Generation, Vierzigjährige, Zwanzigjährige, mit den Versuchen, die ich gemacht habe, etwas anfangen können. Sie müssen nicht einverstanden sein, aber sie empfinden es als eine Stimulation für etwas – also wirkt es weiter, also hat man ein Feedback, also ist man nicht einsam.

WASER »Alles in diesem Land hat eine beklemmende Hinlänglichkeit« … so äußert sich Stiller über das Land der Eidgenossen. Nach einer längeren Auslandszeit leben Sie schon seit einigen Jahren wieder in der Schweiz. Heimkehr des verlorenen Sohnes?

FRISCH Mich hat der Begriff der Heimat sehr beschäftigt – das ist zuerst einmal ein sentimentaler Begriff, aber es ist ein ungeheuer essentieller Begriff. Sie haben eben nur ein einziges Land, in dem Sie Ihre Jugenderfahrungen haben, Kindheit, Schulangst, die ersten Liebesversuche und so weiter. Es ist so, dass Sie an diesen Ort gebunden sind, ob Sie ihn mögen oder nicht, und ob der Ort Sie mag oder nicht – es ist ein Stück Realität, von dem man nicht loskommen will oder loskommen darf. Das ist eigentlich der Grund dafür, dass ich immer wieder in der Schweiz gelebt habe, im Augenblick halb hier, halb in Amerika.

WASER Ein anderes Ihrer großen Themen ist das Bildnis, das sich die Menschen vom Menschen machen – und nicht machen sollten. »In gewissem Grad sind wir wirklich das Wesen, das die anderen in uns hineinsehen«, heißt es in Ihrem ersten Tagebuch. Und die Bestätigung dieser These liefern Sie uns mit einem gewissen Ritter Konrad oder Grisler, dem später berüchtigten Gessler. Also mit *Wilhelm Tell für die Schule*. Und in *Andorra* sagt ja auch Andri zu Barblin: »... ihr Blick genügt, plötzlich bist du so, wie sie sagen.« Dieses Bildnis, das wir uns vom anderen machen, ist für Sie mit fatalen Folgen verbunden. Aber wo liegt der Fehler?

FRISCH Das Problem haben Sie eigentlich schon richtig umrissen, diesen Satz »du sollst dir kein Bildnis machen«. Zu dem gehört natürlich gleichzeitig der Satz »du wirst nicht umhinkommen, dir immer wieder Bildnisse zu machen«. Man bildet sich ein Urteil – man will das auch, man muss das auch. Es ist auch nicht möglich, dass ich zwanzigmal einen Menschen sehe, ohne mir ein Bild von ihm zu machen. Diese Selbstverständlichkeit hätte in dem Satz auch noch ausgedrückt werden müssen; sie war mir so selbstverständlich, dass ich versäumt habe, sie auszudrücken. Aber die Forderung bleibt, dass dieses Bildnis nicht versteinern dürfte, dass es nicht sakrosankt wird, dass wir – das ist eine sehr hohe Forderung – die Fähigkeit haben müssten, ein Bildnis wieder aufzugeben und eine Situation, oder einen Menschen, oder die Beziehung zu einem Menschen, unter Umständen wieder anders zu sehen. Das ganze Thema des Vorurteils – der Einzelne und die Gemeinschaft – ist das große Thema der Feindbilder. Das ist in *Wilhelm Tell* so. Und das ist ein ganz großer Komplex, der tatsächlich zentral war, eine Zeitlang, für meine Arbeit ... und auch ins Politische hineingeht. Sie wissen schon: der Kalte Krieg – oder was wir jetzt wieder haben: »Die Russen wollen ja nur zerstören«, oder »die Amerikaner wollen ja nur das«. Diese generellen eben Vor- oder Fixurteile: Dagegen müssen wir angehen auf allen Ebenen.

WASER Etwas ganz anderes, nämlich der Tod. »Es wird Zeit, nicht bloß an den Tod zu denken, sondern davon zu reden« – so schreiben Sie in *Montauk*. Haben Sie sich als Schriftsteller das Thema wirklich vom Herzen geredet? Ich habe dann wieder daran gedacht, als Sie in *Triptychon* einen Trauergast über den Verstorbenen verkünden ließen, siebzig sei ein schönes Alter. Also Ihr jetziges Alter.

FRISCH Früher war es mehr die Vorstellung der Vergänglichkeit, der Sterblichkeit, und jetzt ist es der Tod, in meinem Alter, der mich beschäftigt. Natürlich dadurch, dass sehr viele Gleichaltrige weggehen, weggegangen sind. Es wird rundherum gestorben, man weiß, dass man drankommt – daraus ist ein alltäglicher Partner geworden. Wobei, persönlich gesagt, der Tod bei mir nicht Angst auslöst; aber das Sterben, davor habe ich Angst.

WASER In *Triptychon* kommt auch dieser schöne, wahre Satz vor, dass der Tod letztlich die Wahrheit über unser Leben ist …

FRISCH Ein sehr schwieriger Satz, weil er in dieser Verkürzung sehr vieldeutig ist. Im Zusammenhang ist doch wohl gemeint: Wenn wir nicht das Todesbewusstsein hätten, das Bewusstsein der Sterblichkeit, so würde uns unser Leben überhaupt nicht klar. Sie wissen, dass dieser Sommer nicht der letzte sein muss, aber es sind nicht endlos viele … Das macht uns ›aware‹, macht uns bewusst, dass wir leben; ein Tier hat dieses Bewusstsein nicht. Also das Leben wäre ohne Todesbewusstsein ungeheuer armselig.

WASER Es beschäftigt Stiller, »dass es immer gerade kluge Menschen sind, die den Tod nicht erwarten können«. Hat er recht oder täuscht er sich? Oder gab es unter den Mitgliedern der Vereinigung Freitod – zweites Tagebuch – wenige oder nur einen einzigen Klugen?

FRISCH Ein Mensch, der klug ist, der zum Beispiel die Welt kennenlernen will, verstehen will, die Geschichte sehen will, die Zukunft sehen will: diese Klugheit drängt ihn ins Bewusstsein der Sterblichkeit und des Todes – und das auszuhalten ist nicht immer leicht, also ist er dem Tode näher. Es gibt ja wahrscheinlich auch mehr Selbstmorde unter – im weiteren Sinne des Wortes – intellektuellen Menschen als unter anderen. Es kommt durch die geistige Beschäftigung mit dem Tod; so rückt man in die Nähe des Todes, daher auch in die Nähe des Selbstmordes.

WASER In *Triptychon* sagt Roger: »Die Zukunft gehört der Angst.« Gerade in *Montauk* sah ich den Dichter als einen, der schon viel Angst überwunden hatte. Habe ich falsch gelesen?

FRISCH Es ist richtig, dass *Montauk* – geschrieben im Sommer 1974 – entstanden ist in einer langanhaltenden Gemütsverfassung erstens der Versöhnlichkeit und zweitens der Angstlosigkeit. Also zum Beispiel sechzig Jahre Leben zu akzeptieren, mit vielen Fehlern, ohne sich selber nun zu richten, ohne die andern zu richten, ohne klein beizugeben. Es war dies eine versöhnliche Geistesverfassung, in einem hohen Grad angstfrei. Nachher ist die Angst dann wiedergekommen.

[Die Literatur sollte Möglichkeiten aufzeigen]

(1984)

Unter der Rubrik »The Art of Fiction« führt die 1953 in Paris gegründete, vierteljährlich in New York erscheinende Literaturzeitschrift THE PARIS REVIEW *bis heute für jede Ausgabe Interviews mit den namhaftesten Schriftstellerinnen und Schriftstellern der Gegenwart. Die Liste der Interviewten liest sich wie ein Who is Who der angelsächsischen Literatur der letzten Jahrzehnte, schließt aber auch große Namen anderer Literaturen ein. Die Einzigartigkeit der mittlerweile legendär gewordenen Reihe besteht unter anderem darin, dass die ungewöhnlich zeitintensiv geführten Gespräche den Interviewten die Gelegenheit geben, sich eingehend zu Grundfragen des eigenen Schreibens zu äußern.*

Im September 1984 reiste die Journalistin und Autorin JODI DAYNARD *(*1957) für die Zeitschrift nach Zürich, um mit Max Frisch zu sprechen. Im Vorspann des Interviews berichtet sie, Frisch habe sie am Abend ihrer Ankunft angerufen und ihr mitgeteilt, er fühle sich unwohl und bitte darum, das Gespräch um einige Tage zu verschieben. So erhielt die Interviewerin Zeit, Zürich zu erkunden, auch als Lebensort und literarischen Schauplatz des Interviewpartners. Am dritten Tag habe Frisch sie im Hotel abgeholt und in seine Wohnung begleitet, obwohl er das Gespräch lieber bei einem Spaziergang auf dem Land geführt hätte, was wegen des schlechten Wetters aber nicht möglich war. Seine Vorbehalte gegenüber Interviews ließ er nicht unerwähnt: »Stone Age, Iron Age, Interview Age – it's so* vulgar. *It's not so interesting to have these questions and answers. You must have a* dialogue.*« Ein solches Gespräch hat sich in der Folge tatsächlich ergeben: Es erstreckte sich über drei Tage, wovon* *der schließlich abgedruckte Text, erst 1989 erschienen, gemäß Daynard nur einen kleinen Ausschnitt darstellt.*

Das Gespräch wurde auf Englisch geführt und publiziert. Die deutsche Übersetzung stammt von Alexandra Steffes, der Titel vom Herausgeber.

*

JODI DAYNARD Ich würde gern damit anfangen, dass ich Ihnen ein paar Fragen zu Ihrem jüngsten Buch, *Blaubart*, stelle. Wann kam Ihnen zuerst die Idee für dieses Projekt?

MAX FRISCH Das war, als ich aus den Vereinigten Staaten zurückkehrte und bei einem Gerichtsverfahren eines meiner Freunde vorbeischaute.[61] Das Verfahren hatte gerade am Tag zuvor angefangen und war ein Mordfall, ein sehr seltsamer Fall. Ohne besondere Absicht ging ich hin und fing an, mich sehr zu interessieren, nicht nur für den Fall – der anders ist als die *Blaubart*-Geschichte –, sondern für die Gerichtssprache. Für mich bestand die Faszination in der Ritualisierung des Worts. Im Gericht herrscht immer der gleiche Satz, die Wahrheit und nichts als die Wahrheit. Ich frage Sie dies und jenes. Diese Standardisierung der Sprache birgt Elemente der Musik oder Architektur. Dieselben Fragen tauchen wieder und wieder auf, in unterschiedlichen Situationen. Ich war tatsächlich mehr von der Sprache fasziniert als von der Geschichte.

DAYNARD *Blaubart* vermittelt den Eindruck, als wäre es schnell und mit Leichtigkeit geschrieben worden. War es so?

FRISCH Oh nein. Tatsächlich war es doppelt so lang wie jetzt. Ich hatte die Möglichkeit, einen sogenannt realistischen, altmodischen Roman zu schaffen, um ein ausführliches Bild der Figuren zu erhalten, ihrer unterschiedlichen Einstellungen, Milieus und so weiter. Das hätte eine ganze Reihe mehr Zeugen und Vernehmungen eingeschlossen, so dass wir erfahren hätten, wie *sie*, die Zeugen, leben, was sie denken – ihre Vorurteile und Gemütskrankheiten. Aber ich war nicht in der Lage, den Spannungsbogen zu halten, der dazu nötig war. Melville konnte das in *Moby-Dick*, ich konnte es nicht.

DAYNARD Dialog scheint Ihnen wichtig zu sein.

FRISCH Im Gymnasium, als ich anfing zu schreiben, schrieb ich Theaterstücke, nicht Erzählungen. Ich fürchtete mich vor der Erzählung. Mein erstes Interesse galt dem Theater, nicht der Literatur. Es hat mit dem zu tun, was ich vorhin zu skizzieren versuchte, mit der Faszination für die Gerichtssprache, die nur aus Dialog besteht. Sobald ich eine Geschichte erzähle oder eine Landschaft beschreibe, kann ich mich nicht an diese ritualisierte Sprache halten.

DAYNARD Viele Ihrer Helden nach *Stiller* sind Technokraten oder Männer, die sich selbst nicht hinterfragen, die ein sehr dürres Zeugnis ihres Lebens abgeben.

FRISCH Ja, das ist besonders bei *Homo faber* so. Das war die Absicht, dass ein Mann eine Interpretation liefert, die flach ist, flacher als das Leben. Walter streitet seine Erfahrungen ab, denn er ist äußerst hilflos, seine Gefühle auszudrücken. Also beschreibt er sich so oberflächlich wie möglich. Er besitzt die Arroganz, nichts zu sagen. Zu spät bemerkt er, dass seine Gefühle in sehr vieles hineingespielt haben. Ich denke, dass Stiller sehr viel mehr über seine Gefühle verrät.

DAYNARD Auch in *Blaubart* sagt Herr Schaad: »Was hilft, ist Billard.« Nie sagt er: »Ich leide.«

FRISCH Das ist sehr wahr. Tatsächlich hat das wahrscheinlich mit meiner eigenen Persönlichkeit zu tun. Ich habe sehr starke Gefühle, aber mag es nicht, sie zu beschreiben. Es gibt andere Wege, sie zu zeigen – Körpersprache oder Schweigen –, das kann sehr ausdrucksstark sein. Und vielleicht existiert da auch ein Misstrauen Worten gegenüber. Man fürchtet, dass sie nicht richtig interpretiert werden könnten. Es ist sehr schwer, ein Gefühl zu beschreiben und dabei nicht ein bisschen zu lügen, es heraufzusetzen oder sich selbst etwas vorzumachen. Ich traue mir also selbst nicht, wenn ich meine Gefühle beschreibe, aber ich mag es, sie durch ein Kunstwerk zu offenbaren. Und als Leser geht es mir genauso. Ich mag es nicht, wenn der Autor mir sagt, was ich zu empfinden habe. Er muss den Leser dahin bringen, ein Gefühl der Scham oder Hoffnung zu empfinden. Es herrscht da also eine Menge Gefühl, eine Menge Emotion, aber … nicht in Worte gefasst.

DAYNARD In dem Sinne gibt sich Ihr Werk nicht dem vorherrschenden Modus des beichtenden Schreibens hin, dem Schreiben, das man die »psychoanalytische Kultur« nennen könnte.

FRISCH Ja, ich hasse das in der Literatur. Ich habe einen guten Freund, der darin brillant ist, aber ich fühle mich dabei immer so, als säße ich mit ihm in einer Therapiestunde.

DAYNARD Wann entschieden Sie sich das erste Mal, diesen flachen, kalten, »gefühllosen« Helden zu erschaffen, über den wir gesprochen haben?

FRISCH Schwer zu sagen. Ich glaube, ich erfand das nicht alles auf einmal, sondern langsam; allmählich fühlte es sich immer besser an. Jetzt gerade meine ich – ich weiß nicht, ob das richtig oder falsch ist –, dass, wenn man Gefühle beschreibt oder der Held seine Gefühle beschreibt, wie im Werk von Dostojewskij zum Beispiel oder Melville oder anderen großen Schriftstellern, die Gefahr sehr groß ist, dass man ins Konventionelle gerät. Goethe war es, der uns mitteilte, wie wir uns fühlen, wenn wir in ein Mädchen verliebt sind – es gibt Formen dafür. Aber gehen wir einmal davon aus, man möchte eine Situation darstellen, eine Bewegung, eine Geste zeigen und Gesichter und darüber nicht reden. Das steht dem Film näher als der klassischen Literatur. Wir haben viel vom Film gelernt über das, was man ohne Worte ausdrücken kann. Ich wäre stolz oder glücklich, wenn ein Leser die eigentliche Situation, sagen wir, des Mannes in *Der Mensch erscheint im Holozän* empfinden könnte, spüren würde, wie das ist, eine nasse Hose zu tragen, wie es kälter wird, das Gefühl der Ermüdung, der Melancholie oder der Verzweiflung. *Das* erreicht man, ohne all diese Worte zu benutzen. *Das* fühlt man mit den Sinnen und sieht es mit seinen Augen. Das möchte ich vermitteln, oder versuche es zumindest.

DAYNARD Während Sie einerseits diese flachen Figuren erfinden, geben Sie ihnen andererseits die Freiheit, sich metaphorisch auszudrücken, durch Objekte. »Was hilft, ist Billard.« Um auf diesen Satz zurückzukommen.

FRISCH Das stimmt. Würde Herr Schaad einen Brief an einen Freund schreiben, »jetzt bin ich frei, ich kann machen, was ich will, und doch bin ich völlig deprimiert, ich bin verzweifelt und arm«, würde ich sagen: »Nun, komm vorbei und wir trinken etwas.« Aber wenn er lediglich sagt: »Das Einzige, was hilft, ist Billard« – das ist Verzweiflung. Würde ein Freund mich anrufen und etwas in der Art sagen, würde ich sagen: »Ich muss los, ich muss nach ihm schauen.«

DAYNARD Wieso tragen einige Ihrer Figuren, sosehr sie sich voneinander unterscheiden, Ihre eigenen Züge? Sie scheinen alle Pfeife zu rauchen oder eine erste Freundin gehabt zu haben, die jüdisch ist.[62]

FRISCH Es ist eine Form von Faulheit. Einige Freunde haben mich gewarnt. Uwe Johnson sagte: »Max, muss das wirklich sein, dass der Kerl Pfeife raucht?« Wir waren beide Pfeifenraucher zu der Zeit. Und ich merkte es nicht einmal. Es ist schlicht Faulheit. Und ich vergesse es. Ich vergesse, dass ich das schon so oft geschrieben habe. Es ist ein kleiner Fehler, aber ein Fehler. Alle Freunde fahren den gleichen Wagen, einen Jaguar. Und wenn ich es später sehe, bin ich damit nicht zufrieden. Ich bin verärgert darüber, dass ich immer zu dem Mittel greife, das in meiner Nähe ist [*er klopft an seine Pfeife*], anstatt aufzustehen und etwas aus der Küche zu holen.

DAYNARD Was bedeutet es, als Schriftsteller eine Erfahrung zu machen, über diese Erfahrung schreiben zu wollen?

FRISCH Ich denke, dass man Erfahrungen macht, ohne die Mittel zu besitzen, sie zu verbalisieren, und in der Situation befinde ich mich. Offen gestanden möchte ich nicht über Erfahrungen schreiben, die ich machte, über die ich schon geschrieben habe. Ich könnte heute besser über sie schreiben, aber das ist nicht so interessant. Ich erlebe jetzt etwas und weiß nicht, was es ist. Und das bringt mich zum Schweigen. Und dazu, rasch gelangweilt zu sein von allem anderen. Aber was ist das für ein Erleben? Was ist es? Und wenn Sie mich das fragen, würde ich sagen: »Nun, ich weiß es nicht.« Es ist nicht nichts, es ist nicht Leere; und die Hoffnung besteht, dass dies manchmal einen Ausdruck findet.

DAYNARD Ich würde Ihren Schaffensprozess gern entmystifizieren, wenn das überhaupt möglich ist. Können Sie mir konkret sagen, wie Sie von einem Abriss zu einem Buch gelangen?

FRISCH Bei *Triptychon*, zum Beispiel, weiß ich, dass ich keine Idee hatte. Ich dachte nicht an Hades oder etwas Derartiges, sondern an eine dramatische Szene: in einem Schaukelstuhl eine jüngere Frau – sie hat körperliche Präsenz und eine Stimme, eine erotische, magische Präsenz. Und sie spricht als Tote, das ist alles, was wir im Moment sehen. Dieser Widerspruch war der Anfang von *Triptychon*. Das ganze Theaterstück baut sich darauf auf. Im Allgemeinen sehe ich eine Szene oder eine Situation, die mich zum Schreiben inspiriert, aber ich weiß nicht, ob sie in der Mitte des Ganzen auftauchen wird oder den Anfang darstellt. Man tastet sich vor. Ich *möchte* keinen Plan haben. Habe ich den, kann ich sicher sein, dass ich nicht aus echter Erfahrung schreibe. Nehmen Sie zum Beispiel den Inzest in *Homo faber*. Erst als ich das Buch geschrieben hatte, verstand ich, woher der Gedanke kam. Und hätte ich *gewusst*, woher der Gedanke kam, hätte ich nicht den Mut gehabt, das anzufassen, da bin ich mir sicher. Aber die Geschichte an sich, die Geschichte funktionierte. Und bevor man die Gelegenheit hat, sich zu fürchten, ist sie schon niedergeschrieben.

DAYNARD Besitzen Sie eine Art Kontrolle, auf die Sie nicht bewusst zurückgreifen können?

FRISCH Ja, ich besitze diese Kontrolle, die mir sagt, wann ich etwas kürze, verbessere oder sein lasse, vielfach ohne zu wissen, wieso. Und eben genau das, meine ich, entscheidet darüber, ob man ein Schriftsteller ist oder nicht – wie viel man von dieser Fähigkeit besitzt. Kritisiert man das, was man macht, zu früh, wird man nie auch nur die erste Zeile schreiben. Dann wiederum – hat man diese Fähigkeit überhaupt nicht, stellt es auch eine Gefahr dar. Bevor ich *Der Mensch erscheint im Holozän* veröffentlichte, war es kein schlechtes Buch, aber ich hatte ein ungutes Gefühl. Das ist Kritik. Nachdem ich dann einen zweiten Entwurf geschrieben hatte, hatte ich das Gefühl: »Jetzt funktioniert es, jetzt ist es okay.« Und hinterher wieder dieser Schock, dass es *nicht* funktioniert. Hätte ich dieses Gefühl nicht gehabt, wäre es veröffentlicht worden, und ich wäre nie an den Punkt gelangt, den ich erreichen konnte.[63] Man ist von diesem kritischen Gefühl schrecklich abhängig. Als ich jung war, um die dreißig, brauchte ich viel länger, um das Gefühl für eine Szene zu entwickeln, zu wissen, ob es funktionierte oder nicht, und in der Lage zu sein, es sein zu lassen, wenn es das nicht tat. Manchmal pflegte ich ein halbes Jahr an etwas zu arbeiten, das nicht funktionierte – ich konnte nicht aufgeben.

DAYNARD Wenn man jung ist, nehme ich an, weiß man nicht, ob andere Blumen nachwachsen werden, wenn man die einen abschneidet.

FRISCH Ja, das stimmt. Später sagt man: »Ich bin mir nicht sicher, aber ich habe ein Recht zu hoffen.«

DAYNARD Was würden Sie einem beginnenden Schriftsteller raten?

FRISCH Ist es jemand Ernsthaftes, der oder die schon eine Vorstellung von seinem oder ihrem eigenen Talent hat, würde ich raten weiterzumachen, ohne zu viele Leute zu involvieren, die kommerziell denken. Als ich jünger war, fühlte ich, dass es gefährlich war, mit anderen über meine Arbeit zu sprechen. Am Anfang sagte ich niemandem etwas davon, nicht meiner Frau, nicht den Freunden, nicht meinem Verleger. Ich erinnere mich, dass mein Verleger mich, als ich aus den Vereinigten Staaten zurückkehrte, fragte: »Arbeitest du?« »Ich arbeite, ich arbeite. *Wie wild*«, teilte ich ihm mit. Er fragte nicht, worum es sich handelte, und ich sagte ihm nicht, ob es ein Theaterstück oder ein Roman sei. Dann kam ich eines Tages in Frankfurt an und sagte: »Hier ist es.« »Was ist es?« »Es ist ein Roman.« Das war *Stiller*. Ich würde auch dazu raten, sich an sehr hohen Standards zu orientieren. Die größte Hilfe stellt ein Freund dar, der einen von der Warte eines hohen Standards aus kritisieren kann. Bei mir war das mit Peter Suhrkamp so. Er hatte Mut und noch eine wunderbare Eigenschaft, die darin bestand, dass sein Urteil nicht davon abhing, ob etwas ein Erfolg oder Misserfolg war. In manchen Fällen pflegte er zu sagen: »Nun, nun, das ist großartig. Es hat wunderbare Kritiken erhalten, und jetzt, Max, denkst du, dass es ein gutes Buch ist? Ich bin anderer Meinung.« Er war ein großer Mann, aber nicht einfach. Im Allgemeinen erhielt ich mehr Hilfe von Schriftstellern als von Kritikern. Ein Schriftsteller ist nicht weniger kritisch, aber er weiß um das leere Blatt. Ein Schriftsteller wie Friedrich Dürrenmatt zum Beispiel weiß: »Oh, es bieten sich dir hier große Möglichkeiten.« Ein Kritiker sieht die Chancen nicht, die in einem Projekt stecken. Hätte Shakespeare vorher mit einem Kritiker über *Hamlet* gesprochen, hätte der ihm gesagt: »Hör mal, mein Junge, schreib mal lieber einen Roman. Es geht um einen Mann, der nicht fähig ist zu handeln. Und *daraus* willst du Theater machen? Der Held ist nicht besonders; seine einzige besondere Eigenschaft besteht darin, dass er zögert, dass er nicht handeln kann, und schließlich wird er deshalb getötet. Das ist nichts für ein Theaterstück!«

DAYNARD Was fanden Sie am wertvollsten an der Theaterarbeit – und schätzen Sie sie heute auch noch?

FRISCH Sie meinen, was mir wichtig ist? Als junger Mann war ich vom Theater fasziniert, nicht vom Drama. Das bedeutet vom Körper auf der Bühne, der Stimme und so weiter. Beim letzten Stück, das ich schrieb – das war *Triptychon* –, wollte ich nicht eine Handlung oder ein Geschehnis wiedergeben, sondern vielmehr Körper in Situationen auf der Bühne. Das, was man zum Beispiel leibhaftig im Theater erlebt. Ich bin also immer noch angezogen vom Theater, von der magischen Präsenz des Körpers und der Stimme und dem Widerspruch, der sich aus dem durch das Wort evozierten und dem visuellen Bild ergibt – das ist immer noch reizvoll. Das Drama, nein. Das Problem mit dem Theater heute – es ist nicht mein persönliches Problem, sondern ein generelles – ist, dass wir uns nicht mehr länger in einer Zeit oder gesellschaftlichen Situation befinden, in der Macht als solche vorgeführt werden kann. Heutzutage ist alles viel anonymer und kollektiver. Es wäre zum Beispiel falsch, den Faschismus darzustellen, indem man nur Hitler auf der Bühne zeigt. Das passt nicht. Handelt das Stück nur von menschlichen Beziehungen, ja, dann kann man das machen. Aber hat es politische Implikationen – ich habe es mit der Parabel versucht, so wie Georg Büchner, mein Lehrmeister. Ich benutzte die Parabel in *Andorra* und in *Biedermann und die Brandstifter*. Mit der Parabel glaubt man – hofft man –, eine komplizierte Realität einzufangen. Heutzutage bezweifle ich ebenso, dass das geht, denn die Parabel hat immer die Tendenz, etwas zu beweisen, etwas zu lehren, und ich habe herausgefunden, dass ich nicht lehren muss. Ich möchte die Sache nur zeigen – und so habe ich aufgehört, Parabeln zu verwenden.

DAYNARD *Andorra* und *Biedermann und die Brandstifter* sind beide Unterweisungen, nicht wahr?

FRISCH Ja, die erste sollte zeigen, wie Vorurteile in die Welt geraten. Ich wollte zeigen, wie sie in Andris Gemeinschaft zur generellen Krankheit werden – die Projektion von Verhalten, das man selbst an den Tag legt und hasst. Es geht darum, wie man Selbsthass loswird. *Andorra* ist ein Modell, und es wird an deutschen, französischen und englischen Schulen unterrichtet. Es ist etwas, von dem man lernen kann – aber es ist nicht Theater, obwohl es Elemente des Theaters beinhaltet. Nun, sollte es von Bedeutung sein, bin ich stolz, es geschrieben zu haben, aber es ist kein Theater.

DAYNARD Sie entwarfen eine kleine Rohfassung[64] von *Biedermann und die Brandstifter* in den 1940ern, nicht wahr?

FRISCH Ja, tatsächlich lassen sich viele der nachfolgenden Bücher auf erste Rohfassungen in dem Tagebuch zurückführen. Das war zu der Zeit, als ich Architekt war. Ich hatte Zeit, aber nicht viel Zeit. Ich hatte einen Vormittag oder einen Sonntag oder so, einen ganzen Roman konnte ich jedoch nicht anfangen. Aber ich hatte Einfälle, also machte ich Notizen. Keinesfalls wusste ich, dass ich auf dieses Material zurückgreifen würde.

DAYNARD Viele Ihrer Bücher haben mit Vorfällen zu tun, die fantastisch sind oder schwer zu glauben. Halten Sie es für nötig, dass ein Leser daran glaubt, dass die Vorfälle, die Sie beschreiben, tatsächlich stattgefunden haben könnten?

FRISCH In den ersten Tagen dachte ich, es sei eine *conditio sine qua non*, dass man daran glaube, ansonsten wäre es ein schlechtes Buch. Dann, glaube ich, hat sich das verändert. Um genau zu sein, nahm ich mit *Gantenbein* die Haltung ein, dass alles als Hypothese dargeboten wird und es nicht wichtig ist, daran zu glauben. Das Buch spielt mit Möglichkeiten. Ich glaube nicht daran, dass die eigene Biographie nur *so* gewesen sein kann – dein Leben hätte ganz anders sein können. Die Literatur sollte Möglichkeiten aufzeigen und den Gedanken vermeiden, dass *es kam, wie es kommen musste*. Ich glaube nicht an diesen Spruch.

DAYNARD Wenn Sie dem Leser seinen eigenen Unglauben zugestehen, müssen Sie dann auch die Form des Werks ändern? Das heißt: Können Sie unglaubliche Dinge im Rahmen einer klassischen Form geschehen lassen?

FRISCH Ich glaube nicht, dass man die Form ändern muss. Man muss – wie ich es in *Gantenbein* versucht habe – die verschiedenen Möglichkeiten aufzeigen.

DAYNARD Manchmal bedarf es einer anderen Person, die sagt, was mit einem geschehen ist.

FRISCH Ja, und ich bin immer noch blind. Ich weiß nicht, worum es sich handelt, und man erklärt es mir, und ich bin froh, es nicht zu wissen. Denn wenn man weiß, worüber man schreibt, ist die Gefahr sehr groß, dass man in Klischees verfällt oder auf Freud oder anderes. Aber wenn man es nicht weiß, ist es, als wäre man blind, man tastet sich vor; wenn man dann zurückblickt, sieht man, dass man ein gutes Stück des Weges zurückgelegt hat.

DAYNARD Der erste Satz von *Der Mensch erscheint im Holozän* lautet: »Es müsste möglich sein, eine Pagode zu türmen aus Knäckebrot, nichts zu denken und keinen Donner zu hören, keinen Regen … Vielleicht wird es nie eine Pagode, aber die Nacht vergeht.« Man nimmt es beim ersten Lesen hin. Dann plötzlich trifft es einen: »Woran denkt dieser Mann?« Es ist ein erstaunliches Bild, ein seltsames Bild. Wie sind Sie darauf gestoßen?

FRISCH Ich denke, Sie haben recht; wenn man es das erste Mal liest, ist es ein wenig ungewöhnlich, ein bisschen verrückt. Eine Person mit offensichtlich seltsamen Problemen; wir haben das Gefühl, dass er Unsinn treibt, er ist gelangweilt, und wir sind uns im Klaren, dass er wegen des Regens warten muss. Später, wenn man ihn kennengelernt hat, nimmt das eine andere Bedeutung an, auch wenn man nicht hingeht und das Buch noch einmal liest, sondern sich einfach an den Satz erinnert. Eine Pagode ist ein vollkommenes, allumfassendes Bild von der Welt. Darum ist er bemüht, weil er befürchtet, dass die Welt verloren gehen wird. Und was er mit seinem Knäckebrot macht, ist natürlich das Gegenteil. Also verkörpert das Ganze den Traum, dass die Welt perfekt sein sollte, dass wir in der Lage sein sollten, sie als Ganzes zu sehen in ihrer vollendeten, klaren Schönheit. Erst die letzte Fassung des Buches fing ich mit diesem Satz an. Davor kam er erst später, auf der zweiten Seite. Es war wichtig, ihn an den Anfang zu setzen; sonst erhält man nur die Beschreibung des schrecklichen Wetters: Na und? Nur dieser Pagoden-Satz hebt das Ganze automatisch auf eine andere Stufe. Es muss da noch etwas anderes geben. Das ist natürlich, was man Handwerk nennt, nicht wahr?

DAYNARD Fast alle Ihre Protagonisten denken an Selbstmord oder versuchen, Selbstmord zu begehen – wieso ist das so?

FRISCH Erst muss ich mal gucken und prüfen, ob das wirklich so ist … *Stiller*, nein.

DAYNARD Doch, erinnern Sie sich nicht? Zwei Jahre, bevor die Erzählung einsetzt …

FRISCH Der Engel, ja. *Homo faber*, nein. *Gantenbein*, weiß ich nicht. Aber schon wahr. *Blaubart*, ja natürlich. *Der Mensch erscheint im Holozän*, das war eine Art Selbstmord, ein befreiender Selbstmord, kein Akt des Verzweifelns oder der Verzweiflung. Natürlich hat es mit dem Autor selbst zu tun, dass *ich* darüber nachdachte, obwohl ich es nie versucht habe. Es steht auch im zweiten *Tagebuch*, stimmt, in eher komischem Sinne – diese Gruppe alter Menschen, die eine Vereinigung bilden für den Freitod. Aber bei ihnen gründet der Selbstmord in der Angst – da taucht das Wort schon wieder auf –, die Identität zu verlieren, ihre Persönlichkeit. Nur Körper zu sein, ein halbes Tier, nicht mehr imstande, eigene Entscheidungen zu treffen. Es hat auch mit dem Problem des Schwindens zu tun – schwindender Hoffnung, schwindender Gesundheit, dass man schwächer wird. Es nimmt einem die Möglichkeit, dann so etwas zu tun. Viele Leute sagen: »Wenn ich wüsste, dass ich Krebs habe, würde ich mich umbringen«, aber sie tun es nicht. Weil sehr schnell der Punkt erreicht ist, an dem der Wille nicht mehr stark genug ist. Sie verlieren die Fähigkeit, Entscheidungen zu fällen. Natürlich habe ich Angst davor, Angst, diese Souveränität zu verlieren.

DAYNARD Viele Ihrer Figuren sagen, dass es Wiederholung ist, die sie am meisten fürchten. Ihr eigenes Werk scheint diese Angst widerzuspiegeln. Da gibt es einen großen Roman, eine Anzahl Theaterstücke und letzthin eine Novelle. Sie scheinen sich in Ihrer Kunst genauso wenig wiederholen zu wollen.

FRISCH Ja, ja. Die Sorge besteht; es ist schwer, sich

selbst wirklich am Leben zu halten oder wahrhaftig zu sein oder offen für neue Erfahrung. Es hat nichts mit dem Alter zu tun. In meinem Fall hatte ich die Befürchtung, dass ich, wenn ich eine lange Zeit auf dieselbe Art arbeiten würde, nicht mehr kreativ wäre, bequem würde, geistig träge. Und ich musste mich verändern; ich hatte Angst zu leben, ohne lebendig zu sein. Das ist eine sehr persönliche Sorge, die ich habe. Und es ist eine Sorge, die ich in Bezug auf andere Leute hege, Menschen, die ich liebe, dass sie sich einrichten könnten, sich so an Dinge gewöhnen, dass das Leben verblassen wird.

DAYNARD Sie haben gesagt, dass Sie die ersten fünf Seiten von *Stiller* hier in Zürich in einem Rutsch geschrieben haben, dass aber 600 Seiten bereits in New York entstanden waren; dass das Buch also, als Sie diese fünf Seiten schrieben, im Grunde schon geschrieben war. Stimmt das?

FRISCH Das ist ein bisschen anekdotenhaft. Als ich das Jahr in New York war, schrieb ich einen Roman.[65] Es war kein guter Roman; es war ein sehr autobiographischer, halbprivater Roman. Aber er enthielt eine Menge Material. Als ich dann nach Hause kam, hatte ich die sogenannte *Stiller*-Idee: über einen Mann, der nach Hause zurückkehrt, ein Mensch mit meinen Vorlieben, und er möchte nicht zu Hause sein und so weiter. Die Idee war sehr einfach. Dann schrieb ich dieses Buch. Nachdem das Buch schon im Druck war, schrieb ich die ersten zwei Seiten. Ich begann mit dem simplen Satz: »Ich bin nicht Stiller!« Aber im Deutschen lautet der Titel einfach *Stiller*. Der Übersetzer[66] war es, der die Idee hatte, die erste Zeile, »Ich bin nicht Stiller«, in Amerika als Titel zu verwenden. Es ist ein sehr komischer Anfang. Aber ich kam auf diese Zeile in den absolut letzten Stunden, bevor das Buch in den Druck ging; das ist wie mit Tee – er erleichtert das Essen der ganzen Mahlzeit.

DAYNARD Ich möchte gern die Frage aufwerfen, wieso Stiller zu Gott findet. Ich war ganz ehrlich enttäuscht darüber, weil ich den Eindruck hatte, dass Stiller durch seinen versuchten Selbstmord im Begriff war, sich zu verändern, sich von alleine zu entwickeln. Wieso braucht er diesen Gott, diesen Engel, um seine Selbsterkenntnis zu sanktionieren?

FRISCH Das ist eine sehr gute und sehr schmerzliche Frage. Ich würde nicht so weit gehen zu sagen, dass das ganze religiöse Element im Buch nicht ehrlich sei, aber es war ein Einfluss, unter dem ich zu der Zeit stand, nachdem ich Kierkegaard gelesen hatte, und es war eher eine Leseerfahrung als ein wirkliches Erlebnis. Ich versuchte da irgendwie einer Sache gerecht zu werden – ich weiß nicht, welcher –, und so machte ich einen schwerwiegenden Fehler. Und ich konnte das nicht ändern. Das Buch war veröffentlicht und schon bekannt. Das Buch hätte mit den sieben Notizheften von Stiller enden sollen und nicht mit diesem Epilog, vom Staatsanwalt verfasst – der plötzlich auch noch Schriftsteller ist. Das ist dämlich, nicht? Im Epilog wird das Ganze objektiver. Stiller weiß, dass seine Notizhefte subjektiv sind, und dann kommt dieser Heilige Geist, der Erzähler. Er nimmt das Ganze und legt es auf ein religiöses Kissen. Ich fühle mich damit nicht wohl. Zu meiner Verteidigung kann ich sagen, dass das eine der ganz seltenen Zeiten war, in denen ich ernsthaft herauszufinden versuchte, ob ich religiös werden konnte oder nicht. Ich probierte es aus, wissen Sie? Und wie meine anderen Bücher zeigen, konnte ich das nicht aufrechterhalten. Ich hatte angefangen, Kierkegaard zu lesen wegen dieses großen Gefühls. Ich nahm eine Stelle aus Kierkegaards *Entweder – Oder*, um sie für das Epigraph von *Stiller* zu verwenden – und wenn ich das Buch ändern könnte, würde ich das herausnehmen. Aber zu der Zeit war ich so glücklich, in ein paar Zeilen das zu lesen, was ich seitenlang zu reproduzieren suchte. Ich hätte einen guten Freund haben sollen, der mich hätte warnen können, Stillers Notizheften nicht diesen Epilog folgen zu lassen, aber das Buch ist da; ich kann es jetzt nicht mehr ändern … Eigentlich bin ich ja auch gewarnt worden.

DAYNARD Wer hat Sie gewarnt?

FRISCH Dürrenmatt. Er las es; er war sehr begeistert davon, von seinem Freund Frisch: »Jetzt hast du es, und dann machst du es zunichte!« Es war nicht einfach, mir das zu sagen. Wäre es noch in Manuskriptform gewesen, und jemand hätte mir gesagt: »Komm, lass es, vergiss es«, hätte ich nicht zugehört. Ich wollte es nicht wissen. Später – einige Jahre später – *sah* ich es. Es gab eine Menge Kritik zu *Stiller*, aber das ist der eigentliche Punkt. Es ist seltsam, dass die Kritiker – es gab eine Menge davon, von Sozialisten bis Christen – diese Sache nie erwähnt haben. Bis zu unserem Treffen. Bis jetzt.

DAYNARD Ich habe bemerkt, dass der Gedanke, es sei eine Sünde, sich ein festes Bild von einer Person zu machen, ein zentrales Konzept sowohl in diesem Roman als auch in Ihrem sonstigen Werk ist. Was Stiller mit Julika macht, zum Beispiel.

FRISCH Ich schrieb diesen kleinen Abschnitt[67] zuerst im *Tagebuch* – vor *Stiller*. Ich sagte, dass man sich kein fertiges Bildnis vom Menschen machen soll. Und ich wusste das nicht zu der Zeit, aber das war ein Kernpunkt meines Denkens und Fühlens. Er findet sich erneut in *Andorra*. Ein Bildnis meint ein Vorurteil. Ich denke nicht, dass ich jetzt schon Ihre Erscheinung oder Ihren Charakter beschreiben könnte, aber wenn Sie morgen wiederkämen, wäre ich nicht ganz unvoreingenommen. Ich hätte schon einige Vorurteile – zwar vielleicht positive –, aber ich hätte ein paar. Das ist so. Zwangsläufig. Das Ganze wendet sich gegen unsere Neigung, Dinge in Stein zu meißeln. Es ist eine Einladung, sich am Leben zu halten, seine Bereitschaft zu bewahren, Dinge zu überdenken und sich nicht zu wiederholen. Natürlich bedeutet es nicht, dass man diese Offenheit die ganze Zeit an den Tag legen muss. Es ist jedoch eine Warnung. Wenn du jemanden zum ersten Mal triffst oder dich verliebst, sagst du dir: »Ich sollte dazu nicht in der Lage sein. Und doch: Hier bin ich.« Ich könnte anfangen zu fliegen, und sie würde sagen: »Das überrascht mich überhaupt nicht.« Das ist etwas Wunderbares. Das sind wahre Flitterwochen. Später: »Das *kenne* ich. Ich weiß, dass du, wenn es um eine schwierige Diskussion mit deinem Vater geht, ein Feigling bist. Weiß ich längst. Es ist mir über.«

DAYNARD So viele Ihrer Helden schlagen sich mit einem schlechten Gewissen herum. Was für Sünden haben Ihre Figuren begangen, dass sie ein so schlechtes Gewissen haben?

FRISCH Eigentlich kenne ich Sünde nicht. Ich kenne Schuld.

DAYNARD Es existiert also keine Verbindung zwischen Sünde und Schuld?

FRISCH Wissen Sie, das Schlimme ist – ich weiß, ich beantworte Ihre Frage nicht –, dass wir in diesem neochristlichen Zeitalter immer noch mit ziemlich starren Vorstellungen an die ganze Sache glauben, an das Gebilde der christlichen Kirche. Nehmen wir zum Beispiel Sexualität. Als sehr kleiner Junge war ich aufgebracht, als ich realisierte, dass ich eine Erektion hatte. Eine Sünde. Diese verdammte Erektion und so weiter. Ich wusste nicht, wer mir davon erzählt hatte. Ich war noch nicht einmal drei Jahre alt, und doch gab es da diese Belastung, gerichtet zu werden. Alles war so unklar, es war so beunruhigend. Die Idee, dass man von Geburt an ein Sünder ist. Wieso? Ich habe nicht darum gebeten, geboren zu werden. Wieso muss ich von Geburt an auf einer schwarzen Liste stehen?

DAYNARD Aber sind es religiöse Verstrickungen oder ist es etwas anderes, das an Ihren Helden nagt?

FRISCH Es ist ein schlechtes Gewissen. Ich denke, ich habe es, ohne zu wissen, wieso und warum. Natürlich gibt es etwas Gutes, das einem diese christliche Erziehung mit auf den Weg gegeben hat, und das ist Jesu Bergpredigt. Das ist Brüderlichkeit, Pietät, Antifaschismus. Nicht: »Der Starke hat recht«, sondern: »Ich kann diese Person töten, aber ich darf es nicht tun.« Das ist die Wurzel des Sozialismus. Aber nur für eine Prüfung zu leben, um dann am Ende an noch einer Prüfung teilzunehmen …

DAYNARD Noch ein Frisch-Fragebogen …

FRISCH Wirklich schrecklich! Es ist einfach eine schreckliche Idee. Aber lassen Sie uns noch einen anderen Ansatz für Ihre Frage nach der Sünde wählen. Für mich wäre Sünde wohl der Mangel an Liebesfähigkeit. Wenn ich nicht in der Lage bin, jemanden zu lieben, nicht einmal mich selbst, oder meinen Hund, nicht meine Mutter oder Sie – diese Unfähigkeit zu lieben wäre eine Sünde. Vielleicht passt hier besser »Desaster« als »Sünde«. Deshalb ist die schwerste Anschuldigung, die ich mir vorstellen kann, die, die ich in *Triptychon* formuliere – dass jemand Ihnen sagen würde, Sie seien unfähig zu lieben. Gut, du bist ein Lügner, du bist grausam und besitzergreifend – das sind kleinere Details im Vergleich dazu. Dass man nicht in der Lage ist zu lieben, das bedeutet für mich, dass es einem nicht gestattet ist zu existieren.

DAYNARD Identifizieren Sie sich mit der Schweiz bei der Frage der Sünde und der Verantwortlichkeit für Schuld, besonders in Hinblick auf den letzten Krieg?

FRISCH Ich hasse es, immer darauf reduziert zu werden, nur Schweizer oder Europäer zu sein. Aber da ist etwas Wahres dran. Es gibt die deutsche Wendung von der »Schuld der Schuldlosen«. Dass man nicht gehandelt hat, bedeutet nicht, dass man schuldlos ist. In *Blaubart* existiert schuldiges Denken – oder Schuldgefühl. Schuld setzt vor der Tat ein. In einer Gesellschaft, die theokratisch ist, also stark durch die Religion strukturiert, bezweifle ich, dass man dieses Schaad-Syndrom haben könnte, dieses Schuldgefühl, ohne zu wissen, warum.

DAYNARD Ich weiß, Sie wehren sich dagegen, ein »Schweizer Schriftsteller« genannt zu werden, aber glauben Sie, dass Sie die Frage der Schuld auf die gleiche Weise betrachtet hätten, wenn Sie kein Schweizer wären?

FRISCH Das wäre vermutlich anders, ja. Was mich besonders ärgert, ist die Art und Weise, mit der die offiziellen Stellen dieses Landes an ihre Unschuld glauben. Italien tut es nicht. Italien ist wunderschön, Italien ist arm, Italien ist großartig – aber nicht unschuldig. Aber hier sind wir reich und ohne Schuld. Sie haben also recht, dass man bis zu einem gewissen Grade von seiner Nationalität geprägt wird.

DAYNARD In einem Nuklearzeitalter wie dem unseren, in dem Länder die Macht haben, sich zig Male zu vernichten, sind da die Fragen von Schuld und Verantwortung noch relevant?

FRISCH Das ist eine gute Frage. Natürlich ist das zynisch, es macht uns zynisch. Ich hasse die Vorstellung, dass wir der Verpflichtung nicht unterliegen, der normalen, mannshohen Verpflichtung, etwas zu bekämpfen – zu versuchen, Stumpfheit zu bekämpfen, die Stumpfheit der Öffentlichkeit. Aber ich bin zurzeit kein gutes Beispiel. Meine Generation mit ihrem Glauben an Sozialismus, was immer das bedeutet – wir wurden vollends geschlagen. Ernst Bloch und die anderen, sie sind alle weg, und ihre Zeit ist vorbei. Nichts ist davon übrig. Seit Berkeley und der Bewegung für Meinungsfreiheit sind nur zehn bis fünfzehn Jahre vergangen oder seit den Demonstrationen im Mai 1968 in Paris, Frankfurt und Berlin – aber heute scheint das so weit zurückzuliegen wie römische Geschichte. »Wie sagte Cicero?« »Weiß ich nicht, war schon irgendwie einer der Großen, der Mann.« Stellen Sie sich nur vor, Jean-Paul Sartre wäre heute hier und spräche vor einem leibhaftigen Publikum.

DAYNARD Es wäre sehr traurig.

FRISCH Wie Don Quijote, der gegen Windmühlen kämpft. Die würden nicht wissen, wovon er spricht. »Ich *weiß*, dass ich tot bin – aber ... wie lange ist das her?« Jetzt, als alten Mann, stimmt es mich traurig.

DAYNARD Wenn es einen nuklearen Holocaust gäbe, wer wäre dann noch da, um danach zu fragen, wer Schuld hat, wer verantwortlich ist?

FRISCH Danach? Niemand. Die Ratten. Und denen wird es gut gehen.

DAYNARD Gegen Ende seines Lebens entstand eine Freundschaft zwischen Ihnen und Bertolt Brecht. Welchen Einfluss hatte diese Freundschaft auf Sie und Ihr Werk?

FRISCH Erst einmal war er der erste große Schriftsteller, den ich persönlich kannte. Das macht einen Unterschied. Durch ihn bekam ich eine Vorstellung davon, wie ernsthaft das Kunstschaffen ist und auch, was für einen großen Anteil Rationalität daran hat. Er war kein romantischer Schriftsteller. Ich hatte also einen Lehrmeister. Und dann sah ich das erste Mal wirklich großes Theater, Theater, das er zuerst hier in Zürich machte und später dann in Berlin. Er lehrte mich über das, worüber wir vorhin sprachen, über das Erzählen. Dass ich die Gefühle der Figuren auf der Bühne nicht zeigen muss. Ich verstehe deren Gefühle und beurteile deren Gefühle. Die Distanz ist das, was er Entfremdung nannte. Man muss mit dem Theater oder der Kunst nicht das normale Leben wiedergeben.

DAYNARD Welchen anderen Rat gab Brecht Ihnen?

FRISCH Er schrieb mir einen Brief; es ist ein wunderbarer Brief.[68] Darin schrieb er, dass ich einen großen Wurf in den Händen hielte, eine große Sache, aber nicht den Mut besäße, die großen Formen zu nutzen. Das Große Theaterstück, den Großen Essay. Nun, dann ging Brecht nach Berlin, und ich traf ihn von Zeit zu Zeit, aber eher selten, als er in Zürich war und von der Anhörung[69] kam – es war die McCarthy-Ära. Er lebte hier, im Land, eineinhalb Jahre lang in einer sehr billigen Wohnung. Ich nahm mein Fahrrad, um ihn zu besuchen, und hatte das

Gefühl, dass ich ihm zu nichts nütze war, aber dann pflegte er mich anzurufen und zu sagen: »Wieso kommst du nicht zu Besuch?« Und er musste mich wieder und wieder einladen.

DAYNARD Er muss Sie gemocht haben.

FRISCH Ja, jetzt weiß ich, dass er mich irgendwie gemocht hat. Ich war natürlich für ihn ein Bürgerlicher, aber kein hoffnungsloser Fall.

DAYNARD Kritisierte er Ihre politische Gesinnung?

FRISCH Ja, natürlich, aber nicht im Zorn. Ich war schlicht nicht fortschrittlich genug. Aber ich war auf dem richtigen Weg. Er wollte, dass wir gemeinsam ein Theaterstück schreiben, aber ich bekam kalte Füße. Ich hatte das Gefühl, dass ich meine Identität verlöre, sollte ich dieses Stück machen. Ich hätte viel gelernt, aber auch mich selbst darin verloren.

DAYNARD Sehen Sie einen Zusammenhang zwischen Ihrer politischen Erziehung in jungen Jahren durch Brecht und dem Schriftsteller, der Sie schließlich wurden? Ihr Werk scheint nicht gezielt politisch zu sein.

FRISCH Ich sehe das anders. Ich benutzte das Theater für das eher politische Material, weil das Theater ein öffentliches Ereignis ist. Das sogenannt private Material – Vater-Tochter-, Vater-Sohn-, Mann-Frau-Beziehungen –, das verkörpert für mich der Roman.

DAYNARD Ich las ein Interview, das Michel Contat von *Le Monde* mit Ihnen geführt hat; Sie sagen darin, dass die Literatur dem Diskurs der herrschenden Klasse entgegensteht. Am Ende des Interviews erklären Sie jedoch: »Der Adel der Literatur besteht schlicht darin, dass sie existiert.«[70] Was von beidem stimmt denn nun?

FRISCH Ich denke, dass die herrschende Klasse in jedem System über eine Sprache verfügt. Die herrschende Sprache. Und diese Sprache ist voll von Vorurteilen. Es ist ein bürgerliches Vorurteil zu sagen: »Ein armer, aber ehrlicher Mann.« Man könnte genauso sagen: »Ein reicher, aber ehrlicher Mann.« Literatur ist subversiv insofern, als sie über eine andere Sprache verfügt. Sie ist keine Gegenmacht, aber eine Gegenposition zur Macht. Politische Bücher zu schreiben in dem Glauben, sie könnten die Macht einer Straßenrede haben, ist ein Missverständnis, was die Bedeutung von Kunst angeht. Auf der anderen Seite kann ich mir jedoch keinen wirklich guten Schriftsteller vorstellen, der nicht ein politisches Bewusstsein hat. Ich war schockiert und beängstigt vom Mangel an politischem Bewusstsein von Seiten der Intellektuellen in Ihrem Land.

DAYNARD Muss der Künstler ein politisches Gewissen haben? Ist ein Künstler berechtigt, schlicht zu erschaffen?

FRISCH Ich glaube nicht. Man kann vielleicht nicht wissen, was politisch erreichbar ist, aber es ist wichtig, dass man nicht hinnimmt, wie es jetzt ist, noch die Lügen toleriert. Das Mindeste ist, die Lügen zu hinterfragen. Wenn man eine Geschichte oder ein Gedicht schreibt, befindet man sich in einem Geisteszustand, bei dem man keinen guten Grund hat zu hoffen; man ist machtlos; man hat eine Menge Hoffnungen verloren, und es ist diese Art Gefühlslandschaft, aus der heraus man schreibt.

DAYNARD Gibt es da nicht einen Weg, wie man diese Hoffnungslosigkeit umgehen kann?

FRISCH Ich bin nicht optimistisch. Man muss kein Pessimist sein, aber die meisten von denen, die optimistisch scheinen – sind einfach Langweiler oder Heuchler.

Wenn man jemanden aus dem 20. Stock fallen sieht und man ruft ihm zu: »Sei optimistisch, sei optimistisch!« – kann man das bis zum 2. Stock so machen: »Wie geht's dir, John?« »Bin immer noch optimistisch!« »Dann bis später.« Platsch.

* * *

Später zeigte mir Frisch eine deutschsprachige Monographie über ihn. Er wies auf die vielen Fotografien, eine nach der anderen.

FRISCH Das bin ich als kleiner Junge, umgeben von Frauen, umgeben von weiblicher Präsenz. Mein Gott! Ich weiß nicht einmal, wer die alle sind. Mütter, Tanten, all diese Frauen. Und hier bin ich neben meinem Bruder, der acht Jahre älter ist, und das ist mein Vater, den ich nicht mochte, und meine Mutter, die ich auch nicht mochte … Und da bin ich auf Skiern und trage Krawatte. Ich hatte eine Großbürgerliche[71] geheiratet und probierte dieses Leben eine Zeitlang aus. Das ist es, was aus mir einen Marxisten gemacht hat [*lacht*]. Da bin ich mit Brecht. Hier bin ich noch einmal mit Brecht, meine Hosenbeine sind festgeklammert, denn ich war mit dem Fahrrad gekommen. Ich erkläre ihm die Gesetze der Statik. Hinterher sagte er zu mir: »Max, du hast einen ehrlichen Beruf.« Einfach so, eine schlichte Aussage. Und hier bin ich mit Günter Grass, und hier, Ernst Bloch, mit 90. Und hier bin ich mit Herbert Marcuse.

DAYNARD Besäßen Sie gern ein tadelloses Erinnerungsvermögen?

FRISCH Natürlich nicht.

DAYNARD Wenn Sie sich nur an eine Sache erinnern dürften, was wäre das?

FRISCH Eine Landschaft oder eine Mann-Frau-Beziehung.

DAYNARD Wenn Sie nur ein Buch hätten schreiben können, welches wäre es?

FRISCH Es wäre ein besonders gutes geworden, aber da ich das nicht erreicht habe, musste ich viele schreiben. Eigentlich wechseln meine Gefühle diesbezüglich immer mal wieder. Ich denke, es wäre kein Theaterstück, sondern ein erzählendes Werk. Und wenn mir dann noch ein Wunsch erlaubt wäre, würde ich sagen, keins der Bücher, sondern ein Gedicht.

DAYNARD Schreiben Sie Gedichte?

FRISCH Ja, das tue ich.[72] Ich versuche es immer wieder, aber es gelingt mir nie. Unter uns gesagt, ist mein derzeitiges Lieblingsbuch *Der Mensch erscheint im Holozän.*

DAYNARD Was bereuen Sie am meisten?

FRISCH [*Lange Pause*] … Ja, natürlich, nicht weise zu sein, nicht so weise zu sein, wie ich es vorgebe. Dass ich nicht ein bisschen ernster bin – ja, das ist es, würde ich sagen. Dass ich in der Lage bin, das Wesen der Dinge zu begreifen, aber immer etwas zu spät.

DAYNARD Und wenn Sie nur einen Wunsch hätten?

FRISCH Dass die Lügner mit ihren Lügen oder die, die andere in ihrer Gewalt haben, eines sanften, normalen, natürlichen Todes sterben.

DAYNARD Was befriedigt Sie am meisten bei dem, was Sie erreicht haben?

FRISCH Nicht nur der sogenannte Erfolg, sondern dass dieser Erfolg eine Verbindung geschaffen hat, eine Beziehung zu vielen Menschen, die ich nicht persönlich kenne, Menschen unterschiedlicher Generationen und

Nationalitäten – das ist Grund großer Zufriedenheit. Ich bin darüber erstaunt und sehr dankbar.

DAYNARD Womit sind Sie am unzufriedensten?

FRISCH Ich würde sagen … wissen Sie, das ändert sich dauernd. Manchmal zum Beispiel ärgert es mich, dass ich nie einen wirklichen Überblick über meine Fähigkeiten, meine Möglichkeiten besessen habe. Ich bin immer ein ganz klein wenig blind.

DAYNARD Das ist es also im Moment: die Unfähigkeit, Dinge so zu sehen, wie sie sind?

FRISCH Ja, aber ich habe mich an die Idee gewöhnt, dass ich jeden Moment mal wieder nicht genau weiß, wo ich stehe. Vielleicht ist das ja ein Glück.

DAYNARD Wenn Sie nur ein Foto weitergeben könnten, mit wem würden Sie sich ablichten lassen und womit wären Sie beschäftigt?

FRISCH Erst einmal weiß ich, dass es kein Foto des jungen Mannes wäre, sondern eines des alten. Pfeife rauchend oder nicht Pfeife rauchend, tatenlos. Nicht gestellt, wenn möglich.

DAYNARD Was bedeutet es für Sie, ein Bild auf Film festzuhalten? Es ist ein Mittel, das Sie in Ihrem Werk ziemlich oft verwenden.

FRISCH Ich kann Ihnen sagen, dass ich nie richtig fotografiert worden bin. Meine Frau, meine Ex-Frau, machte das. Ich hasste es, mir Fotos anzugucken, selbst gute, selbst wenn es sich um einen geliebten Menschen handelte. Es geht mir so schlecht dabei, dass ich sie nicht gesammelt habe. Und ich mache selten Fotos von dem, was ich wirklich mag – Menschen und Landschaften. Und da ist die Sache mit dem Film, der – wie Sie sagten – manchmal in meinem erzählerischen Werk steckt. Ich machte eine sehr seltsame frühe Erfahrung. Ein Cousin von mir verlor seine Frau. Sie war jung, er war ziemlich jung und hatte einen kleinen Film während des Urlaubs aufgenommen – damals war das noch nicht so üblich wie heute. Und er wollte ihn uns zeigen. Das war einen Monat oder so nach der Beerdigung. Also sahen wir ihn uns an. Nun, sie spazierte auf einer Wiese, machte ein paar Schritte. Das war alles, das war alles. Der Film war sehr kurz. Dann wollte er das wieder und wieder sehen und natürlich hoffte er, dass da nächstes Mal nur ein kleines bisschen einer anderen Bewegung zu sehen sein würde. Es war immer genau die gleiche Bewegung, und das war toter als ihr Körper in dem Moment. Und ich benutzte dieses Erlebnis; es kommt wieder und wieder in *Homo faber* vor. Erst kürzlich verwendete ich dieselbe Idee – man kann von solchen Sachen besessen sein – in *Triptychon*, an der Stelle, wo der Pilot, der einen Unfall hatte, stirbt und er sein Kind da drüben im Hades wiederfindet, und sie spielen Ball. Und dann tun sie es auch wieder nicht. Es ist wie in einem Farbfilm; sie machen immer wieder dasselbe. Was sie taten, wieder und wieder. Das ist die falsche Art von Bewegung. Und für mich ist das toter als ein Leichnam. Das ist eine dieser fundamentalen Erfahrungen, und sie taucht wieder und wieder in meinem Werk auf.

DAYNARD Wenn Sie sich an eine Geschichte erinnern dürften, eine, die Sie für immer behalten könnten, nur eine Geschichte, welche wäre das?

FRISCH Welche? Es wäre nicht die Geschichte meines Lebens oder eine Geschichte, die ich gehört habe, sondern ein Mythos. Ich glaube, es wäre der Mythos von Ikarus.

Ein paar Monate nach unserem Interview rief ich Herrn Frisch an, um zu fragen, ob er irgendwelche letzten Änderungen oder Kommentare hinzuzufügen hätte. »Ja«, sagte er. »Sagen Sie denen, dass ich für einen ganz kurzen Moment geflogen bin. Nur für einen Moment – zur Küche und wieder zurück –, aber dass Sie mich haben fliegen sehen.«

[Ist ein Individualist jemand, den die Gesellschaft nicht brauchen kann?]

(1985)

Es hatte höchsten Seltenheitswert, dass ein Schriftsteller aus dem Westen in einer sowjetischen Zeitung einigermaßen frei zu Wort kommen konnte. Max Frisch erhielt diese Gelegenheit, als ANATOLIJ FRENKIN *(*1932), der damals für die in Millionenauflage erscheinende Wochenzeitung* LITERATURNAJA GAZETA *als ständiger Korrespondent für die Bundesrepublik Deutschland, die Schweiz, Österreich und die Niederlande arbeitete, ein Interview mit ihm führte. Das war so außergewöhnlich, dass auch westliche Medien darüber berichteten, durchaus kontrovers: Wurde Frisch einerseits gelobt, er habe sich differenziert, undogmatisch und klischeefrei geäußert, wurde ihm andererseits vorgeworfen, politisch einäugig zu sein und die sowjetische Machtpolitik zu wenig kritisiert zu haben – wobei man ihm allerdings nicht Unrecht tun dürfe, solange man die Hintergründe des Interviews nicht kenne (die Nachweise der entsprechenden Zeitungsartikel finden sich im Anhang).*

In der Tat war die Veröffentlichung des Interviews mit einigen Schwierigkeiten verbunden. Eine erste Version vom Februar 1985 war von Frenkin so gekürzt worden, dass Frisch das Interview zurückzog; eine zweite Version vom 5. März 1985 autorisierte er dann, obschon sie gegenüber der ursprünglichen Version nach wie vor einschneidende Kürzungen aufwies; und schließlich konnte er nicht verhindern, dass in der am 7. August 1985 veröffentlichten Version eine weitere Passage zensiert war, die von seinen Begegnungen mit Henry Kissinger und Willy Brandt, seiner Reise mit Helmut Schmidt nach China und seinen Eindrücken der USA *einschließlich der dortigen Friedensdemonstrationen gegen das Wettrüsten handelt (von dieser*

Kürzung erfuhr Frisch erst durch einen Bericht der Schweizer Botschaft in Moskau). Wenige Wochen nach der Publikation des Interviews in der LITERATURNAJA GAZETA *erschien in der sozialdemokratischen Tageszeitung* VOLKSRECHT *in Zürich unter dem Titel »Ein neutrales Land ist kein Taubstummenheim« eine auszugsweise Fassung, die sich ganz auf die politischen Aspekte konzentrierte.*

Mit dem hier abgedruckten Text wird das Interview erstmals in voller Länge publiziert. Textgrundlage bildet das autorisierte deutschsprachige Typoskript vom 5. März 1985, das im Max Frisch-Archiv in Zürich greifbar ist. In geschweiften Klammern {…} sind diejenigen Passagen aus der ersten Version wieder eingefügt, die bereits in der autorisierten zweiten Version nicht mehr enthalten waren; an den wenigen Stellen, an denen alternative Formulierungen gewählt wurden, sind sowohl die Wortlaute der ersten als auch der zweiten Version in {…} gesetzt und mit einem Schrägstrich / voneinander abgegrenzt. Mit spitzen Klammern ‹…› ist derjenige Passus markiert, der bei der Endredaktion vor der Drucklegung ohne Wissen von Frisch gestrichen wurde. Die eckigen Klammern [...] im Titel schließlich zeigen wiederum an, dass er vom Herausgeber des vorliegenden Bandes gesetzt wurde; in den Typoskripten sind beide Versionen einfach mit »Literaturnaja Gazeta / Interview« überschrieben.

In dieser Darstellungsform wird sofort ersichtlich, wo die empfindlichen Stellen des Interviews lagen. So delikat die Gesprächssituation für Frisch war: Aus der historischen Distanz und im editorischen Überblick erweist sich, dass er ebenso umsichtig wie unmissverständlich agierte und auch heikle Themen offen zur Sprache brachte.

*

ANATOLIJ FRENKIN Sie haben ein langes literarisches Leben hinter sich – mit vielen Erlebnissen, Reisen. Viel ist geschrieben. Sie sind in der ganzen Welt bekannt. Es gibt schon eine große Literatur über M. Frisch, besonders in der Bundesrepublik Deutschland. Wie beurteilen Sie selbst Ihre Vergangenheit, die letzten 40-50 Jahre, als Sie kreativ, schöpferisch tätig waren?

MAX FRISCH Was mich zurzeit mehr beschäftigt als die literarische Arbeit, als meine Vergangenheit, das ist die Weltlage, der Nicht-Friede, die Feindseligkeit zwischen den beiden Super-Mächten ist in vollem Gang, meine ich – Sie fragen mich aber, wie ich über meine Arbeit in den letzten fünfzig Jahren selbst urteile. Eine Frage wie an der Himmelspforte. Sie meinen nicht meine Biographie, sondern die literarische Produktion. Was soll ich dazu sagen? Ich habe Glück gehabt, scheint mir, als Schriftsteller. Es hat sich gezeigt, dass die zwei oder drei Themen, die mich persönlich verfolgen und zum Schreiben drängen, nicht nur mich persönlich angehen: Das Ich und die Gemeinschaft, die Emanzipation von Mann und Frau, die Frage nach Unschuld und Schuld usw. Ich war mehr und mehr überrascht, wie viele Menschen sich in meinen Büchern wiedererkennen, Leser in verschiedenen Sprachen, oft jüngere Leser, auch Leser in Amerika und bei Ihnen in der Sowjetunion. Darüber bin ich glücklich, ja, es gibt das Gefühl, man habe mit seiner Arbeit eine Funktion. Dabei habe ich auch einige schlechte Arbeiten geliefert und veröffentlicht, schlecht in dem Sinn, dass sie nicht ihre eigene Form gefunden haben, dass ich die Geduld nicht hatte, einen gefundenen Stoff reifen zu lassen. Aber eigentlich ist es nicht so, dass ich sie widerrufen muss. Natürlich denke ich in vielen Fragen anders als vor 30 oder 40 Jahren, es wäre ja schlimm, wenn man gar nichts hinzulernen würde. Ich habe aber nie einen Pakt mit dem Teufel gemacht. Und insofern bin ich mit meiner Vergangenheit nicht unzufrieden, wissen Sie, auch wenn man, im Überblick, immer etwas enttäuscht ist. Ja. Und was da noch zu sagen wäre: Ich sehe mich nicht als Prediger, der den Zeitgenossen die Wahrheit sagen kann. Natürlich habe ich Überzeugungen, aber nie die Gewissheit, dass es die einzig mögliche Überzeugung sei. Diese Gewissheit! Was wahrscheinlich die Wirkung meiner Bücher ausmacht, ich meine nicht Erfolg, sondern eine stillere Wirkung, das ist das Gegenteil von Predigt, sondern der Leser erlebt einen Schreiber, der zwar urteilt und oft leidenschaftlich, ja, aber der sich immer wieder einmal selber in Frage stellt. Und das ermutigt offenbar manche Leser, dass sie sich nicht verschanzen, sondern auch sich selber befragen und weiter suchen, was für sie gilt. Was lebendig wird für sie. Ich misstraue jeder Lehre, die eine blinde Gefolgschaft verlangt. Sicher hat mein Skeptizismus mir auch Gegner geschaffen. Von Leuten der christlichen Kirche höre ich: ich sei ein religiöser Mensch, aber einer, der den letzten Schritt in den Glauben nicht tut. Und Kommunisten bezeichnen mich als Humanisten, aber als einen bürgerlichen Humanisten, der den letzten Schritt nicht tut.

{FRENKIN Einer der Kommentatoren hat geschrieben: Frisch hat eine religiöse Erziehung, aber er ist nicht religiös. Ist das wahr?

FRISCH Ich bin protestantisch erzogen worden, aber nicht strenggläubig. Was heißt religiös? Auch wenn ich nicht glaube, dass Jesus, wie er selber behauptet, der Sohn Gottes sei, so hat er doch unser Denken geprägt, nicht Jesus allein, ich meine vor allem seine *Berg-Predigt*, als Proklamation einer Gesellschaft, die sich nicht auf dem Prinzip der Unterjochung stabilisiert, sondern wo der Mensch dem Menschen ein Bruder wird – eine revolutionäre Proklamation, die mein politisches Hoffen geprägt hat.

FRENKIN Ich habe meine Frage in einem konkreten Zusammenhang gestellt: Einige Kommentatoren schreiben, dass alle Begriffe bei Frisch mit Gott geprägt sind …

FRISCH Ich bin ziemlich sicher, dass Gott, als Bezeichnung, die in vollem Ernst verwendet wird und nicht als Floskel oder in einem üblichen Fluch, in meinen Texten selten vorkommt. Vielleicht weil es ein Name ist, der so oft und so grauenhaft missbraucht worden ist in der Geschichte und immer wieder missbraucht wird. Aber ich nenne mich auch nicht Atheist, nur weil ich die unendliche Geist-Materie mit ihren Galaxien und Pulsaren nicht personifiziere als einen Herrn mit weißem Bart, wie Michelangelo ihn malte, als Super-Papa, lieb oder zornig.}

FRENKIN Die fundamentalen Forscher, die sich dem Thema Max Frisch widmen, schreiben, die Wahrhaftigkeit der Darstellung ist Ihr Hauptinteresse. Kann man sagen: »Realistische Darstellung«?

FRISCH Es fragt sich, was der Eine und der Andere unter Realismus versteht. Realismus als Antithese zu Formalismus? Da erinnere ich mich, wie Picasso – ich sah ihn aus der Nähe nur zehn Minuten lang – mit der Miene eines Clowns sagte: Man ist gegen Formalismus, oh, ich bin auch gegen Formalismus, nur meinen wir nicht denselben! – das sagte er zu Fadejew auf einem Kongress für den Frieden, 1948 in Wrocław.[73] Sicher kennen Sie die großen Debatten über Sozialistischen Realismus besser als ich. {Georg Lukács!} Die Kunstwerke auf Leinwand oder in Bronze, die diese Etikette zu tragen haben, sind rasch gealtert. Haben Sie in Zürich das Haus gesehen, wo Lenin wohnte, bevor er 1917 nach Russland heimkehrte?

In derselben Gasse, grad im nächsten Haus, wohnte etwa ein Jahrhundert vorher Georg Büchner, der als Emigrant mit 23 Jahren dort starb, ein deutscher Dichter, der in der deutschen Literatur die erste proletarische Figur geschaffen hat, *Wozzeck*, und der sagte: »Ich verlange in allem (er spricht von Kunst) Leben, Möglichkeit des Daseins, dann ist's gut; wir haben nicht zu fragen, ob es schön ist, ob es hässlich ist. Das Gefühl, dass es Leben habe, stehe über diesen beiden und sei das einzige Kriterium in Kunstsachen.«[74] Das ist es, was ich unter Realismus in der Kunst verstehe: die wahrhaftige Darstellung einer historischen Realität mit allen ihren Widersprüchen: also Darstellung ohne Schminke.

FRENKIN Wie bei unserem klassischen Realismus des 19. Jahrhunderts?

FRISCH Ich würde Tolstoi als großen Realisten bezeichnen. Ja. Aber auch Cervantes und Swift, Joseph Conrad, Melville. Und auch Kafka. Es gibt ja auch einen visionären Realismus.

FRENKIN Wenn wir schon bei diesem Thema sind: Wer ist für Sie der {beste / nächste} von unseren russischen Klassikern?

FRISCH {Ich vergebe nicht olympische Medaillen: Gold für Tolstoi, Silber für Gogol, Bronze für Pasternak. / Tolstoi? Gogol? Pasternak?} Und Puschkin?

Der erste russische Dichter, der mich fasziniert hat, war Dostojewskij. Ich habe ihn lang nicht mehr gelesen. Ich bewundere Gorki. Und Isaak Babel? Zurzeit lese ich wieder Anton Tschechow, den ich liebe – lauter große Schriftsteller, sofern wir darin einig sind, dass es die unbefangene Menschenkenntnis ist und dazu die Wahrhaftigkeit der Darstellung, was einen Schriftsteller groß macht und wichtig für uns, ja, die unbefangene Menschenkenntnis gehört schon dazu, die offene Erlebniskraft{, die sich nicht kastrieren lässt} – Genie der Menschlichkeit.

FRENKIN Viele Analytiker, die über Ihr Werk schreiben, verwenden den Begriff »Identitätsproblem« als Zentralpunkt.

FRISCH Das stimmt für die früheren Arbeiten, nicht für *Montauk*, *Der Mensch im Holozän*, *Blaubart* … Sie meinen vermutlich den Roman *Ich bin nicht Stiller.*[75] Das ist lange her! Als mir damals ein erster Leser sagte, hier handle es sich um die Identitätskrise der Persönlichkeit in der modernen Gesellschaft, zuckte ich die Achsel, denn daran hatte ich beim Schreiben eigentlich nicht gedacht. Man schreibt aus einem Konflikt heraus, den man erlebt hat oder erlebt, nun ja, und dass es offenbar ein Konflikt ist, den andere auch erleben, ein sozusagen typischer Konflikt, das höre ich nun seit dreißig Jahren, und der Begriff fehlt in keinem Seminar-Aufsatz. Was ist gemeint? Man gibt Begriffe weiter wie Münzen, so verschliffen, dass darauf fast nichts mehr zu lesen ist. Eine Ursache dafür, dass das Identitätsproblem sehr verbreitet ist in unseren Industriegesellschaften, liegt vielleicht in der entfremdeten Arbeit. Wie soll ein Mensch, der jahrzehntelang am Fließband arbeitet, ohne Identitätsverlust bleiben? Aber auch wenn nicht alle von uns am Fließband arbeiten, die meisten Leute leisten irgendeine tägliche Arbeit, um eben ihren Lohn zu verdienen, eine Arbeit ohne unmittelbare Verbindung zwischen Person und Produkt. Und das gilt ja nicht allein für technologische Arbeit; nicht nur der Mann oder die Frau, die am Computer arbeiten, sondern auch die Heerscharen von kaufmännischen Angestellten und von Beamten usw.

bekommen durch ihre Lohnarbeit keine Antwort auf die Frage: Wer bin ich? Der Arbeitslohn, auch der gute, ist da noch keine Antwort. Man ist ein Lohnverdiener wie Millionen von Lohnverdienern ohne Selbstbestimmungsrecht. Natürlich gibt es noch andere Gründe für Identitätskrisen, vielerlei Gründe. Das ist eine sehr verzweigte Thematik. Eine profunde Interpretation fand ich nachträglich bei Søren Kierkegaard. Erkenne dich selbst! Das ist eines, aber dazu fordert er weiter, dass ich mich selbst annehme.[76] Was uns bekanntlich nicht leichtfällt. In einer Parabel, *Andorra*, gab ich das Paradox dazu: die tödliche Geschichte von einem Burschen, der irrtümlich für einen Juden gehalten wird und der sich schließlich annimmt, so dass die Gemeinde ihn zu ihrem Sündenbock macht und sich in ihren Vorurteilen entlarvt. Aber das lässt sich nicht in sieben Worten erzählen.

FRENKIN Bitte schildern Sie die Rolle der Schriftsteller und der Schriftstellerei. Ihre Überlegungen dazu. Können die Schriftsteller heute mehr tun als früher?

FRISCH Ich überlege, wie Sie auf diese zusätzliche Frage kommen – und meinen Sie: die Rolle, die der Schriftsteller sich gibt, oder die Rolle, die die Gesellschaft ihm gibt? Und welche Gesellschaft? Ich meine, wir kennen da Konflikte. Ich denke an den großen Goya, der Hofmaler bei den spanischen Königen war; aber groß ist, was Goya nicht für den Hof gemalt hat. Und wenn noch ein Beispiel aus der Malerei erlaubt ist: *Guernica*, das große Bild von Picasso, gemalt als Protest gegen Franco-Hitler-Mussolini, es war sofort berühmt in aller Welt und konnte nicht hindern, dass General Franco noch vierzig Jahre lang über Spanien herrschte. {Kunst ist ja keine Gegen-Macht. / Ich sehe Kunst nicht als eine Gegen-Macht.}

Sondern eine Gegen-Position zur Macht. Und das ist es übrigens, was die Machthaber irritiert. Man kann Kunst und Poesie nicht befehlen, nicht die große Kunst und die große Poesie, man kann sie verbieten, ja, man kann sie vernichten. Das Picasso-Bild, Sie wissen, befindet sich heute in Madrid, wo General Franco es verbrannt hätte. Ja – aber das ist natürlich keine Antwort auf Ihre bekannte Frage. Vor einiger Zeit, in den sechziger Jahren, beantworteten wir sie von einem Symposion zum andern, was nicht ausschließt, dass die Frage vielleicht falsch gestellt ist. Vielleicht genügt es, dass es die Poesie gibt?

FRENKIN Ist es richtig, dass Sie sich selbst als Humanisten verstehen?

FRISCH Es würde mich eigentlich interessieren, wie Sie, als Sowjetbürger, mich sehen, wie andere mich sehen. Warum sind Sie so sehr bescheiden! Ich habe noch kein persönliches Urteil von Professor Anatolij Frenkin gehört – zum Beispiel darüber, dass die Personen in meinen Romanen oder Theaterstücken meistens eher kaputte Personen sind. »Es ist schade um die Menschen«, heißt es bei August Strindberg mehrmals, »Es ist schade um die Menschen!«[77] Ein großer Teil der Literatur ist Elegie: als Ausdruck der Sehnsucht nach einem menschlicheren Leben. Solange man Klage erhebt, gibt es in uns offenbar noch die Hoffnung, es könnte anders sein. Zum Beispiel die Hoffnung, dass nicht mehr gefoltert werde, dass es einmal ein Ende habe mit der Herrschaft von Menschen über Menschen. Ich liebe einen Satz von Walter Benjamin, dem deutsch-jüdischen Philosophen, der in Frankreich sich beim Einmarsch der Nazis umgebracht hat – ein Satz zum Wesen der Kunst überhaupt: DIE KUNST IST DER STATTHALTER DER UTOPIE.[78] Ist das nicht ein guter Satz? Nebenbei die größte Antwort auf Ihre vorherige Frage, was die Rolle des Künstlers sei.

FRENKIN Finden Sie in Ihrer Tätigkeit auch romantische Ideen?

FRISCH Ich bin nicht immer so sicher, ob wir, Sie und ich, ein und dasselbe Wort mit dem gleichen Sinn belegen{. Romantik als reaktionärer Irrationalismus?} – es war die Rede von der Utopie.

FRENKIN Romantik als ein benachbarter Begriff.

FRISCH Auch hier, im Westen, ist es abschätzig gemeint, wenn man sagt: Eine romantische Idee! – das ist für die Amerikaner beispielsweise der Sozialismus: eine Träumerei, etwas kindisch, weltfremd, bestenfalls rührend, also bitte nicht im Ernst unter erfahrenen Männern! Und in diesem Sinn ist meine Tätigkeit, verglichen mit der Tätigkeit eines Bankiers oder Industriellen, voll romantischer Ideen. Das gebe ich zu. Warum ist ein Mann, der eine so schöne Wohnung hat wie ich, nicht endlich zufrieden mit dem Status quo! Das bleibt für einen Pragmatiker unverständlich, und meine Landsleute sind Pragmatiker in der Regel, kleine und große, das spiegelt die Geschichte dieses Landes. Deswegen hatte ich hier nie einen politischen Erfolg, auch nicht einen ganz bescheidenen, da und dort einen Applaus, ja, Applaus von andern Romantikern. Wie denn sollen Pragmatiker, hier oder anderswo, sich ein Leben vorstellen ohne die Strategie der Abschreckung? Ein Friede ohne ein Arsenal von Atom-Sprengköpfen, womit wir uns gegenseitig etwa einundvierzigmal vernichten können, gehört zu meinen romantischen Ideen, zum Beispiel.

FRENKIN Ich kann nicht verstehen, warum Literaturforscher behaupten, dass Sie nur Ihr privates Leben beschreiben. Aber ist ein privates Leben nicht eine Widerspiegelung vom gesellschaftlichen Leben?

FRISCH Privat heißt nach Wörterbuch: häuslich, nicht öffentlich. Darf Literatur sich nur mit öffentlichen Phänomenen befassen? Sterben ist privat, zum Beispiel in der Erzählung von Tolstoi *Der Tod des Ivan Iljitsch*, und das ist große Literatur. Muss denn eine Liebesnacht öffentlich sein, damit Liebe ein Thema der Literatur werden darf? Ich kenne den Vorwurf, dass ich nur mein privates Leben erzähle; er stammt aus den sechziger Jahren, als in der Bundesrepublik ein neues Bewusstsein für gesellschaftliche Phänomene erwachte und von der Literatur forderte, dass diese sich ausschließlich mit diesen gesellschaftlichen Phänomenen befasse. Übrigens handelt es sich um eine Verwechslung von zwei Begriffen: privat und autobiographisch. Das ist ja nicht dasselbe. Tatsächlich befassen sich meine Romane hauptsächlich mit zwischenmenschlichen Beziehungen, also mit privaten Konflikten. Die Vermutung, dass die Romane und Stücke, die ich schreibe, autobiographisch seien, kommt mir unsinnig vor. Auch fiktive Geschichten brauchen natürlich Material; ob ein Schriftsteller solches Material nimmt von Personen, die er in seinem eigenen Leben getroffen hat, oder aus fremden Berichten, das ändert nichts daran, dass die erzählte Geschichte, als Ganzes, eine erfundene Geschichte ist. Natürlich verwende ich auch autobiographisches Material, Erinnerungen, Fragmente aus persönlicher Erfahrung. Warum sollte ich nicht! Dadurch wird die Szenerie authentisch. Balzac kannte die Straßen und Plätze in seinem Paris, er kannte Hunderte von Zeitgenossen, aber deswegen sind seine Geschichten nicht autobiographisch. Und vermutlich handelt es sich noch um eine zweite Verwechslung von Begriffen: Thema eines Autors, Biographie eines Autors. Tatsächlich gehöre ich zu den Schriftstellern, die lebenslänglich nur ihr eigenes Thema bearbeiten können. In Variationen natürlich. In immer wieder anderen Geschichten. Wenn ich Leser treffe in Madrid oder in Boston oder in Nowosibirsk, vermute ich, dass es nicht meine bescheidene Biographie ist, was sie interessiert, sondern eher mein Thema. Was soll ich weiter dazu sagen? Sie sagen es selbst: eine Geschichte, die private Konflikte erzählt, zum Beispiel die Konflikte um Anna Karenina, ist immer auch eine Widerspiegelung der gesellschaftlichen Situation. Eine gesellschaftliche Situation kann theoretisch analysiert werden, das ist die Methode der Soziologie und der Politologie. Anders verfährt die Literatur: sie erfasst eine gesellschaftliche Situation durch die Darstellung konkreter Fälle.

‹FRENKIN Zu Ihrer Biographie gehören auch Begegnungen mit bekannten Politikern. 1970 ein Mittagessen im Weißen Haus mit Henry Kissinger, Sie schrieben darüber sehr kritisch. Sie trafen Willy Brandt, als Sie an einem SPD-Parteitag in Hamburg eine Rede hielten über Staat und Terrorismus, Bundeskanzler Helmut Schmidt nahm Sie in seine Delegation auf die Reise nach China.[79]

FRISCH Eine kurze Reise, aber interessant.

{FRENKIN Fühlen Sie sich als Sozialdemokrat?

FRISCH Ich bin nicht Parteimitglied.

FRENKIN Aber Sie sind kein Konservativer?

FRISCH Wenn Sie etwas Zeit haben in Zürich, setzen Sie sich in die bürgerlichen Restaurants und fragen Sie die feineren Gäste, ob Frisch (manche kennen den Namen) ein Konservativer sei, und Sie werden hören: Frisch gehört nach Moskau! – was ein Irrtum ist; ich bin demokratischer Sozialist.

FRENKIN Darf ich Ihre Position ganz klar als antifaschistisch bezeichnen?

FRISCH Das dürfen Sie! Wenn Sie solche Etiketten mögen: Sozialist-Moralist-Humanist-Antifaschist. Eigentlich sagten Sie bei Ihrem freundlichen Anruf aus Bonn neulich: Ein Interview bitte nur über Literatur, Herr Frisch! Und ich stimmte zu.

FRENKIN Wir kommen zu einem geschichtlichen Datum: 40 Jahre nach der Befreiung Europas vom Faschismus. Und nach der Raketen-Stationierung in der Bundesrepublik sind wir ernsthaft besorgt.

FRISCH Ich war schon vorher besorgt.}

FRENKIN Sie müssen die Amerikaner sehr gut kennen. Sie haben einige Jahre dort gewohnt und mit vielen Amerikanern gesprochen.

FRISCH Ich habe, bevor Sie das Tonband haben laufen lassen, bereits gesagt, dass Amerika, wie es sich in den letzten fünf Jahren entwickelt, mich bestürzt. Ja. Was meine Amerika-Kenntnis betrifft: 1951 verbrachte ich zum ersten Mal ein Jahr in New York und in San Francisco. Dank eines amerikanischen Stipendiums. Später folgten mehrere Besuche, aber kürzere. Amerika vor dem Debakel in Vietnam war ein anderes Amerika. Ich bin von New York als Stadt immer wieder begeistert. Wie viele andere Europäer auch. 1971 ein Semester an der Columbia-Universität, aber ich bin ein ganz schlechter Lehrer. Und 1974 verliebte ich mich in eine junge Amerikanerin, das lässt sich in einem Buch nachlesen. Und später, 1980, versuchten wir sogar zusammen zu wohnen in Manhattan. Ich erinnere mich an den großen Friedensmarsch im Central Park, 1982, eine gewaltlose Demonstration von 900 000 Menschen: gegen die Aufrüstung von Präsident

Reagan. Das gibt es auch, wissen Sie. Ich marschierte immer wieder mit anderen Gruppen unter andern Transparenten, kein einziges Transparent verkündete Hass gegen die Sowjetunion oder Drohung. Aber Aufruf auch an die Sowjetunion: Stopp mit den Raketen. Das ist eine Seite, ja, ich habe die andern auch gesehen. Manchmal erinnerte es mich an Berlin um 1937: DEUTSCHLAND ÜBER ALLES, der Ausbruch von Chauvinismus.›

{Sie erwähnten vorher die amerikanischen Raketen, die in der Bundesrepublik aufgestellt werden, und natürlich verstehe ich, dass die Sowjetbürger sich bedroht fühlen. Sie erwähnen nicht die sowjetischen Raketen, die S-20, die West-Europa in wenigen Minuten vernichten können, und diese Raketen stehen schon länger, das wissen wir beide. Muss ich Ihnen versichern, dass ich ein Gegner dieser Pershing-Stationierung in Europa bin? Ich setzte mich nicht neben Böll und Grass und Jens, weil ich dort, wo diese Pershings aufgestellt werden, ein Ausländer bin ohne politische Rechte. Allerdings bin ich, wie Böll und Grass und Jens und noch einige Millionen denkender Personen, ein Gegner auch der sowjetischen Raketen, die Sie beiläufig verschweigen. Warum? –

FRENKIN Was ist das: schweizerisches Bewusstsein? / Sie sind mit globalen Problemen beschäftigt. Und bleiben dabei selbstverständlich ein deutlich ausgeprägter schweizerischer Schriftsteller. Erzählen Sie bitte über das schweizerische Bewusstsein.}

FRISCH Ein kompliziertes Bewusstsein. Lassen Sie uns vermeiden, dass unser Versuch eines Interviews allzu viele Missverständnisse hinterlässt! Man kann in einer Stunde nicht über alles reden, zumal ich nicht weiß, was Sie von der langen Geschichte dieses kleinen Landes kennen – außer diesem oder jenem Klischee –, und meine Kritik an der Schweiz ist publik. Sie gehört sich nicht in unserem Gespräch. Kritik an der Schweiz, weil ich Schweizer bin, ja, Kritik an der Bundesrepublik, bitte, Kritik an den USA in ihrem heutigen Machtwahn, bitte, ja, davon so viel wie möglich, bitte – aber keine Kritik an der Sowjetunion!

{FRENKIN Warum gibt es heute gerade in der Schweiz so viele Institute von ganz rechter antisowjetischer Richtung? Ist das nicht zu viel für ein neutrales Land?

FRISCH Ihre Frage verdient eine sorgfältige Antwort. Welche Institute im Übrigen meinen Sie genau? Die Schweizerische Offiziersgesellschaft ist antisowjetisch, kein Zweifel, beim Szenario schweizerischer Militär-Manöver wird nie angenommen, dass eine Invasion etwa aus Island kommt. Man fürchtet hier die Russen. Ganz abgesehen von den Raketen, ich meine jetzt die sowjetischen Raketen, da stehen doch ziemlich viele Panzer-Armeen. Dass wir nicht unter sowjetische Herrschaft kommen wollen, ist das schon antisowjetisch? Sicher ist die schweizerische Bevölkerung nicht prosowjetisch, und Bürger dieses Landes haben das Recht, Vereine zu gründen, vorausgesetzt, dass sie keine kriminellen Ziele haben, Terrorismus zum Beispiel. Ein Verein gegen Vivisektion, Turn-Vereine, ein Verein der Bienenzüchter vermutlich, ja. Auch Vereine mit politischen Interessen. Das ist erlaubt. Vereine nach links, aber auch Vereine nach rechts; die Letzteren haben mehr Geld, ja, das ärgert mich natürlich. Übrigens gibt es einen Verein zur Förderung kultureller Beziehungen zwischen der Schweiz und der Deutschen Demokratischen Republik. Das auch. Ein Verein ehemaliger Spanienkämpfer ist langsam überholt. Ferner gibt es Gruppen ohne juristischen

Status, viele davon links, die Sie enttäuschen würden: die sind jung und kritisch auch gegenüber der Sowjetunion, sie finden euch reaktionär. Ihre Frage also, ob das nicht zu viel ist für ein neutrales Land – Sie missverstehen vielleicht den Begriff der Neutralität. / Zum Begriff der Neutralität.} Das ist nicht Verzicht auf politische Meinung der Person. Sonst säßen Sie ja gar nicht hier, Herr Frenkin! Neutralität ist keine moralische Maxime, sondern eine Staatsräson. Im deutsch-französischen Krieg vor mehr als hundert Jahren war es schlau, dass die Schweiz, so ein kleines Land, sich mit keiner Kriegspartei verbündete. Ganz abgesehen davon, dass es ja Schweizer französischer Sprache und Schweizer deutscher Sprache gibt, und ein Pakt nach der einen oder andern Seite hätte die Eidgenossenschaft vermutlich gespalten. Und wozu denn ein Bündnis mit den großen Deutschen oder mit den großen Franzosen? Wo man doch aus der Geschichte weiß, der kleine Bündnispartner gewinnt wenig bei einem Sieg, aber bei der Niederlage zahlt er voll. Eine Bauernweisheit! Noch im Ersten Weltkrieg war die schweizerische Neutralität unproblematisch als Staatsräson. Im Zweiten Weltkrieg? Als Soldat am Gotthard hätte ich versucht, Nazi-Fallschirmspringer zu treffen, so viele wie möglich, aber ich hätte nicht einen einzigen britischen-französischen-polnischen-norwegischen-amerikanischen Fallschirmspringer getroffen. Neutralität als Konflikt-Situation, ja, das gibt es! – kurz gesprochen: die Schweiz, im Bewusstsein ihrer Ohnmacht als kleiner Staat, erklärt sich neutral, das heißt aber nicht, dass ich, als Person, keine politische Gesinnung habe. Und zwar öffentlich. Der Bundesrat muss nicht einverstanden sein, wenn wir für Nicaragua demonstrieren auf der Straße.[80] Unser Bundesrat, als Repräsentant der neutralen Schweiz, hat zu schweigen, und manchmal schweigt er ganz gerne. Aber der Bundesrat kann uns nicht Schweigen befehlen, wenn Salvador Allende ermordet wird, und wir wissen, von wem. Sie verstehen? Laut Verfassung haben wir nicht zu schweigen. Laut Verfassung! Natürlich versuchen es die Machthaber, hier wie überall, mit Einschüchterung. Wer eine Karriere machen will, wird vorsichtig. Immerhin gibt es Demonstrationen. Und nicht nur gegen den fernen General Pinochet. Demonstrationen auch zu innenpolitischen Problemen, dann wird es heiß, und die Polizei müsste da noch viel lernen, um sich verfassungsgemäß zu verhalten. Immer wieder und wieder Demonstrationen gegen Kernkraftwerke, was das Großkapital nicht gerne sieht, denn das verzögert ihr Profit-Programm, und es schafft ein öffentliches Bewusstsein. Und wir meinen, ein öffentliches Bewusstsein sei die Voraussetzung dafür, dass man uns nicht als Unwissende regieren kann. Was erreicht eine Demonstration gegen die Folter in der Türkei? Sie erreicht, dass mehr und mehr Menschen davon wissen. Immerhin. Es wird Demonstrationen geben, wenn es, wie ich fürchte, zur USA-Invasion in Nicaragua kommt. Demonstrationen werden Nicaragua nicht schützen, nein, immerhin sind es Demonstrationen der Solidarität. Und so gab es auch Demonstrationen gegen sowjetische Aktionen, oh ja, Sie dürfen sich ein neutrales Land nicht vorstellen als ein Taubstummenheim.

{FRENKIN Die Kenntnisse über die Sowjetunion sind zu gering.

FRISCH Das stimmt. Leider. Vielleicht hat es damit zu tun, dass die Sowjetunion viel Propaganda veröffentlicht; die kritische Darstellung der sowjetischen Realität überlässt sie den Ausländern. Zensur als Bumerang.}

FRENKIN Und die Gefühle der Bedrohung vor der Atomkatastrophe? Ist das nicht ein Element des europäischen Bewusstseins?

FRISCH Wir redeten über Amerika, oder richtig gesagt: die USA, und dazu möchte ich noch etwas sagen, was man nicht vergessen darf: dass Krieg, als Erfahrung und als Idee, für einen Amerikaner etwas anderes bedeutet als für einen Sowjetbürger, obschon sie im Zweiten Weltkrieg einmal Verbündete gewesen sind. Die USA hatten Kriegsopfer in Europa (gegen Hitler) und später in Korea, dann vor allem in Vietnam, aber die Amerikaner hatten den Krieg nie im eignen Land, im Unterschied zur Sowjetunion und nicht allein zur Sowjetunion, im Unterschied auch zu den Polen, zu den Norwegern, zu den Ungarn, zu den Franzosen, zu den Griechen, zu den Italienern usw. und schließlich zu den Deutschen. Das erzeugt ein anderes Bewusstsein. Für Sie und auch für Ihre Kinder bleibt Krieg verbunden mit der Vorstellung: die Heimat in Trümmern, Massengräber für Zivilisten, die verbrannte Erde. Die Amerikaner kennen Krieg bisher nur als Ereignis in der Ferne, Sieg oder Niederlage jenseits des Meeres; einige Familien haben einen Sohn verloren oder einen Vater, ja, aber ihr Haus steht im Frieden, ihr Garten grünt, keine Rose ist zerzaust. Wie viele Amerikaner können sich vorstellen, dass ihr Land zerstört wird? Ich weiß es nicht. Viele können sich schon vorstellen, dass Europa zerstört wird. Wenn es einmal nicht anders geht! Und was die sowjetischen Bürger betrifft, ich verstehe eure Furcht und Sorge. Verstehen Sie auch unsere Furcht und Sorge? Ich meine West-Europa, das sind mehr als 400 Millionen Menschen, wir drohen nicht mit Weltherrschaft und wohnen unter der Flugbahn eurer Atom-Raketen – und niemand lebt gerne in Furcht!

FRENKIN Was haben Sie Neues geschrieben?

FRISCH Als ich noch in New York wohnte, begann ich ein drittes *Tagebuch*, es fehlte nicht an Themen. Das Tagebuch, als literarische Form, ist ein wichtiger Bezirk in meinem Werk, *Tagebuch 1946-1949* und *Tagebuch 1966-1971*, das sind nicht Intim-Journale, sondern das Tagebuch als Laboratorium sozusagen, wo experimentiert wird, wo literarische Einfälle als Skizzen verwahrt werden, ja, und was mir an dieser Tagebuch-Form wichtig ist: der Kalender. Im ersten Tagebuch findet sich die Zeile: »Russland hat ebenfalls die Atom-Bombe« – als Nachricht, während mich im Augenblick etwas anderes beschäftigt; unser Bewusstsein spielt ja auf vielen Ebenen gleichzeitig. Was nimmt es an geschichtlichen Ereignissen wahr, was nicht oder wann? Der Schreiber muss allerdings redlich sein: ein Besuch im ehemaligen Lager Theresienstadt, ein erschütternder Eindruck natürlich, ja, aber am gleichen Tag denke ich lebhaft an meine Baustelle in Zürich oder freue mich an einer Theater-Probe in Prag. Und dazu fasziniert mich auch noch eine Frau! Also das Tagebuch als ein Kardiogramm sozusagen, wobei Sie sich über sich selber wundern; wie die Chronik der geschichtlichen Ereignisse und die Chronik unsrer persönlichen Entwicklung sich überschneiden, manchmal sehen Sie erst nach Jahren, was Ihr Denken bewegt hat. Dank eines Tagebuches als Seismograph. Ich wäre glücklich, wenn die beiden *Tagebücher* auch ins Russische übersetzt und veröffentlicht würden![81] – das dritte Tagebuch ist gescheitert; die Texte, die ich aus New York brachte, habe ich vernichtet.[82]

FRENKIN Es gibt einen Mythos: Max Frisch ist ein großer Individualist! Wie verstehen Sie sich selbst?

FRISCH Wissen Sie, auch hierzulande gibt es viele

Leute, die nur Gedanken mögen, die sie schon auswendig kennen, zum Teil einflussreiche Leute, und in Amerika nennt man das die schweigende Mehrheit. Ist ein Individualist, wer nicht ausschließlich die obligatorischen Gedanken denkt? Seit dieses kleine Tonband läuft, denke ich irgendwo im Hinterkopf, was wohl die letzten Thesen des sowjetischen Schriftsteller-Verbandes sind. Ich erinnere mich an die schöne Fahrt auf der Wolga als Gast des Schriftsteller-Verbandes, 1968, auch zwei sommerliche Abende in Nowosibirsk habe ich nicht vergessen.[83] Ich versichere Ihnen also, dass ich nicht romantisch, sondern realistisch und humanistisch bin und infolgedessen nicht antisowjetisch. {Ihr freundliches Tonband nämlich, so habe ich das Gefühl, möchte ungern Gedanken aufnehmen, die Ihre sowjetischen Leser nicht schon auswendig kennen. Oder irre ich?} Ich hätte eine Frage an Sie: Ist ein Individualist jemand, den die Gesellschaft nicht brauchen kann?

FRENKIN Ihre Erinnerungen an Bertolt Brecht sind für unsere Leser besonders teuer. Sie haben ihn gut gekannt?

FRISCH Ich habe ihn kennengelernt 1948, als er aus dem amerikanischen Exil zurückkam. Vorerst nach Zürich. Da wohnte er, zusammen mit Helene Weigel, in einer Dachwohnung am See. Er war 50, ich war 36. Brecht war der große Meister, wenn auch von vielen noch nicht als solcher erkannt, und ich ein Anfänger, ein Architekt, der Theaterstücke schrieb. Wir haben uns damals sehr regelmäßig getroffen, ungefähr einmal in der Woche – darüber habe ich im *Tagebuch* ausführlich geschrieben. Einmal in Berlin, wo ich mit Kurt Hirschfeld war, dem Dramaturgen des Schauspielhauses Zürich, das Brecht-Stücke während des Krieges uraufgeführt hat, in Berlin waren wir Gäste eines amerikanischen Theater-Offiziers und trafen den sowjetischen Oberst Dimschitz, der dort Kultur-Offizier war. Der wusste über Brecht natürlich Bescheid. Zum Schluss unsres Gesprächs, das nicht gemütlich war, aber interessant, gab er mir einen Brief, den ich Brecht in Zürich persönlich übergeben solle. Was darin stand, wusste ich natürlich nicht, und Brecht öffnete ihn vor mir. Neugierig. Es war die sowjetische Einladung an Bertolt Brecht, sofort nach Berlin zu kommen und dort ein Theater zu leiten. Helene Weigel war begeistert und sofort dafür, Brecht erfreut, aber prüfend. Was sich daraus ergab: das BERLINER ENSEMBLE, eine Glanzzeit in der europäischen Theatergeschichte. Dann ging er über Prag dahin. Da habe ich ihn besucht und wohnte bei ihm draußen in Weißensee. Unten wohnte er, oben hatte er ein Gastzimmer mit Wänden voller Bücher aller marxistischen Klassiker … Und so haben wir uns dann immer gesehen. Er war für mich wichtig als Meister. Er hat mir den Maßstab gegeben, was man von sich verlangen sollte, was man muss, was man kann. Schöpferisch. Das war entscheidend. Er war eine der entscheidenden Figuren in meinem Leben. Ich habe ihn zuletzt etwa 4 Wochen vor seinem Tod besucht. Das war draußen in der letzten Wohnung, neben dem Friedhof. Da fiel mir auf, dass er sehr müde und ungeduldig war. Es war zum ersten Mal, dass ich aufgestanden bin und Adieu gesagt habe und er mich nicht bis zur Tür begleitet hat. Er war krank, sehr schwer krank … Es war ein merkwürdig herzliches Verhältnis. Was ihn dazu verlockt hat, weiß ich nicht.

{Trinken wir jetzt ein Glas Wein?}

Ohne Widerstand – keine Hoffnung

(1986)

Anlässlich seines 75. Geburtstags hielt Max Frisch 1986 an den Solothurner Literaturtagen eine Rede mit dem fast schon sprichwörtlich gewordenen Titel »Am Ende der Aufklärung steht das Goldene Kalb«. Frischs Hoffnung war es immer gewesen, dass am Ende der Aufklärung der mündige Mensch stehe, geleitet von sittlicher Vernunft und fähig zu Inspiration, Emotion und Subjektivität. Anstelle des mündigen Menschen steht dort jetzt aber das Goldene Kalb – das Götzenbild dafür, dass »vernünftig ist, was rentiert«.

Es war ein skeptischer bis desillusionierter Frisch, der in Solothurn sprach, und bis zu einem gewissen Grad auch ein resignierter Frisch, wenngleich er diesem Eindruck in einem Interview heftig widersprach, das die Redakteure PATRIK LANDOLT *(*1956) und* ANDREAS SIMMEN *(*1954) für die schweizerische Wochenzeitung* WOZ *im Nachgang zur Solothurner Rede mit ihm führten.*

Frisch verteidigt seine lebenslange Hoffnung auf eine linke Politik, die auf Disput und Geist setzt und auch den Widerstand nicht scheut – Widerstand aus Hoffnung, Widerstand im Sinn der Aufklärung, Widerstand ohne Anwendung von Gewalt. Hatte sich Frisch am Ende seiner Solothurner Rede noch als »müde« und »verbraucht« bezeichnet, so zeigt er sich im Interview mit der WOZ *umso kämpferischer im Plädoyer für seine Positionen.*

*

WOZ »Die Aufklärung ist weitherum gescheitert.« »Vieles ist schiefgelaufen.« »Am Ende steht das Goldene Kalb und nicht der mündige Mensch.« Das sind Schlüsselsätze

Ihrer in Solothurn gehaltenen Rede: Die Bilanz eines engagierten Lebens für die Aufklärung?

MAX FRISCH Noch lebe ich. Aber ich gebe zu, es müsste bald ein Wunder geschehen, damit ich als Bilanz sagen kann: Halleluja. Wie schon in Solothurn gesagt: Enttäuschung über den Lauf der Welt ist eins, der Widerruf der Hoffnung wäre etwas andres. Und ich meine ja, das ist kein Widerruf. Oder hört ihr einen Widerruf? Allerdings kann ich nicht in den Saal rufen: Weitermachen, Genossinnen und Genossen, einfach weitermachen! Das nicht. Aber das wissen auch alle, dass Parolen, die man gebraucht hat, zu überprüfen sind. Ob unsere Gegner darüber schmunzeln, das ist nicht wichtig. Auch sie hätten übrigens Dringlicheres zu tun. Und vielleicht kommt zuerst einmal eine Zeit ohne Parolen. Wie sich die Aufklärung neu formuliert, und zwar nicht als eine historisierende Reprise, das eben nicht, sondern als neuer Versuch, ich denke, nur darum geht es in nächster Zeit. Als neuer Versuch aufgrund historischer Erfahrungen, das wird Eingeständnisse kosten.

WOZ Sie haben die Nachkriegszeit als aktiver Schriftsteller miterlebt. Was waren damals die Hoffnungen? Was bedeutete das Credo in die Aufklärung?

FRISCH Wenn mich jetzt das Gedächtnis nicht täuscht – es ist ja lang her: zum Beispiel die Trümmerweiber in Berlin, 1947. Nach einem Ende mit Schrecken hofft man natürlich; nicht eine halbe Zigarette gibt es, nur Hoffnung: Was da kommen wird, das kann ja wohl besser sein als der Schutt. Ob in Berlin oder Warschau, das waren eher vage Hoffnungen. Die Innenstadt von Warschau war nun wirklich zerstört, und da bleibt mir ein Ton im Ohr: der Hall von fernen Niethämmern, man baute eine Brücke über die Weichsel, eine neue. Vielleicht erinnere ich mich auch nur, weil ich's damals beschrieben habe,[84] Hoffnung wie ein heller und harter Hall. Schön. Im Gespräch äußerte sich die Hoffnung verschieden, ja, Hoffnung auf den neuen Menschen und nichts weniger als das. Ob er Christ sein wird oder Kommunist? Und in Deutschland hoffte man nun auf Demokratie. Das verlangten ja auch die Siegermächte. Das weiß ich: Die jüngeren Leute, fast alle kamen aus der Gefangenschaft, die wollten keine Wehrmacht mehr. Nie wieder Siege! Man wusste natürlich vieles nicht, was sich damals, vor der Währungsreform, hinter den Kulissen tat, darüber flatterten die Fahnen der Siegermächte. Enzensberger hat recht: Die jungen Deutschen seines Alters versäumten die Zeit, sie streuten sich lyrische Asche aufs Haupt, während ihre Väter, die das Verbrechen und Elend verschuldet hatten, klammheimlich ihre Besitzmacht wieder aufbauten, ja, mit Hilfe des Marschall-Planes. Und es waren denn auch die Amerikaner, die ihren West-Deutschen wieder eine Armee bescherten, darauf bescherten die Sowjets drüben dasselbe. Also der Hall der großen Hoffnung war kurz.

WOZ Und in der Schweiz?

FRISCH In unserem Land – ich sage immer gerne: unser Land, obschon ich weiß, dass die Schweiz wenigen gehört, oder grad deswegen, 10 % der Eidgenossen besitzen 70 % des Landes, 0,5 % besitzen mehr als 50 % des gesamten Vermögens – hier war die Hoffnung nicht verwegen. Demokratie hatte man ja schon. Wenn Europa noch demokratischer werden sollte als die Schweiz, das wäre Alarm, aber zum Glück kam sofort der Kalte Krieg, und da braucht man keine große Hoffnung, Komfort und Antikommunismus genügen.

WOZ Sie sagen in Ihrer Rede, die Aufklärung ist *weitherum* gescheitert. Sie sagen nicht rundherum.

FRISCH Was die Medien uns anbieten als Wirklichkeit und die Wirklichkeit sind nicht dasselbe, drum sage ich nicht: rundherum.

WOZ Warum ist denn die Aufklärung weitherum gescheitert?

FRISCH Eine Zeitung zu machen ohne die großen Inserate der Wirtschaft, der Banken, der Auto-Industrie und ohne die splendide Werbung für Luxus des kleineren Bürgers und für Investitionen des größeren Bürgers etc., ich muss euch nicht sagen, wie schwierig das ist, Aufklärung zu machen gegen die Presse-Vorherrschaft der besitzenden Stände. Ihr habt ja nicht einmal große Todesanzeigen. So kam schon die Sozialdemokratie in die Sackgasse: als Opposition ohne eine Tagespresse, die von vielen Wählern gelesen wird ihrer Inserate wegen. Wie soll man Politik machen, wenn der Wähler nicht unterrichtet ist, was eine Partei sich auf lange Sicht denkt, und wenn es ihn jedes Mal verwundert, warum die jetzt ein Ja oder ein Nein empfehlen, und wie soll er sich da ein Wähler-Urteil bilden? Da muss er ja Bücher aus der Bibliothek holen, und die anderen liefern ihm das fertige Wähler-Urteil zwischen Inseraten und Illustrationen aus Kultur und Sport.

WOZ Nehmen Sie die Medien nicht zu ernst? Haben nicht ganz andere Kräfte das Sagen?

FRISCH Die Kräfte, die das Sagen haben, ja, die sagen es dem zuständigen Bundesrat oder Gemeinderat, wenn das Volk nicht zuhören kann, und insofern ist es so wichtig nicht, was unser Fernsehen täglich seinem Volk unterbreitet. Das stimmt. Und wenn ich zum Frühstück ins Café gehe, die meisten um mich herum lesen ohnehin nur den *Blick*, bevor sie ihr Tagesleben bestehen. Nur ich als Rentner, der Zeit hat, lese den *Tages-Anzeiger*, zum Beispiel die Schlagzeile: »NA fordert Reinhaltung der schweizerischen Rasse.«[85] Ich hätte es nicht für möglich gehalten, dass diese Wörter je wieder gedruckt werden: ohne Anführungszeichen. Das macht einen alten Mann schon melancholisch.

WOZ War das früher besser? Ist die geistige Lage heute schlimmer denn je?

FRISCH Wie es war zur Zeit von Attinghausen,[86] weiß ich nicht, aber sagen wir: vor 20 Jahren – da setzte wieder die Repression ein. »Wehret den Anfängen!« Da wurden Wissende entlassen, nicht alle zusammen, so da und dort, denn die Unwissenden eignen sich besser zur Anpassung an Herrschaft. Also haben sie Vorrang auf allen Etagen und besetzen schließlich das öffentliche Feld. Das ist die auffällige Folge einer unauffälligen Repression. Man kann nämlich Talente entlassen, aber nicht ohne weiteres ersetzen. Tatsächlich habe ich heute das Gefühl, die Dummheit habe überhandgenommen. Aber das fand Brecht auch schon: »Die Dummheit macht sich unsichtbar, indem sie ein sehr großes Ausmaß annimmt.«[87] Ja. Und dann ist sie offiziell.

WOZ Worin liegt das Versagen der Opposition? Der Arbeiterbewegung, den Intellektuellen, der gesamten Linken gelang es nicht, damals den Faschismus zu verhindern, heute die Dynamik des Spätkapitals mit atomarer Hochrüstung etc. zu bremsen.

FRISCH Das ist die Hauptfrage, kein Zweifel. Aber nochmals zur vorherigen Frage, die auch peinlich ist: War es früher denn besser? Oder habe ich früher vieles nicht bemerkt? Die Jahrzehnte machen uns nicht klüger, aber sensibler. Wenn nicht einfach gleichgültig, dann unduldsamer. Unter den Linden in Berlin, damals, diese Göring-Hochzeit, ja, zum Kotzen, aber das hielt ich aus. Die Fresse von Cäsaren und das Hirn von Troglodyten!, wie Benn etwas spät erkannte.[88] Heute hielte ich es in einer solchen Menge nicht mehr eine Stunde lang aus … Versagen der Opposition, das ist ein großes Kapitel. Manchmal hat man ja den Eindruck, dass der Kapitalismus, in Frage gestellt von einer Linken, die nicht zur Macht kommt, rascher gelernt hat als die Linke. Vielleicht weil man in einer Ideologie unbeweglicher ist, wenn sie nicht zur Macht und damit auf den Prüfstand kommt. Persönlich geredet: Als Linker empfand ich mehr und mehr einen Lebendigkeitsverlust. Und dazu die Sowjetunion als Hypothek der Linken, ja. Als André Gide[89] aus Moskau kam mit seiner Enttäuschung, und das war sehr früh, erschien er als Renegat, nicht als Aufklärer, was er in diesem Fall war. Natürlich hat die Bourgeoisie, der wir zwei Weltkriege in diesem Jahrhundert verdanken, auf ihre Weise versagt, ohne sich bis heute eines Versagens bewusst zu sein. Das können wir uns nicht leisten, die Linke ist bewusst.

WOZ Sie nennen Unflexibilität der Linken, Versteinerung linker Theorie als einen Mitgrund zum Scheitern der Aufklärung. Aber es gab 1968 neue theoretische Ansätze: Adorno, Marcuse, Habermas, Theoretiker, die die Vernunft zu rehabilitieren versuchten.

FRISCH Sie nennen jetzt Leute, die ich persönlich kenne oder gekannt habe, ja, die Frankfurter Schule, da fühlt man sich schon wie auf dem Olymp. Die Linke, ich meine jetzt nicht ihren akademischen Stab, sondern die Linke, und da meine ich auch nicht die Arbeiterbewegung allein, ich will sagen: die Linke hat einen kühnen Anspruch an die Intelligenz der Menschen und dann auch noch an ihre Moralität. Und das bringt ihr die Noblesse, aber auch die Ohnmacht. Faschismus setzt einfach auf das Tier. Warum der Faschismus zuerst einmal triumphiert, er hat die Natur auf seiner Seite, das Tier. Und wir dagegen erstreben etwas, was es ja noch nie gegeben hat. Was wir betreiben, ist ja Prometheus: die Selbst-Ernennung des Menschen. Links ist eine Anstrengung. Lebenslänglich. Und dann unsere Dispute, ja, bis zum Zerwürfnis immer wieder, aber das ist nicht anders zu haben. Du bist ein Linker und Atheist, einmal angenommen, und ich gehe zur Messe und will ein Linker sein, ja, das gibt Disput. Nämlich links hat mit Geist zu tun. Der macht einer Junta nicht zu schaffen. Wären wir zwei Großgrundbesitzer, da verbrauchen wir uns nicht in einem endlosen Konzil, sondern uns einigt unser Großbesitz, und wir verteidigen gemeinsam unser Revier, und das ist die Kraft der Rechten: das Tier.

WOZ Gerade diese linke Debattierfreudigkeit empfinden wir als großen Reichtum der Linken.

FRISCH Ich auch – wenn uns dabei etwas einfällt.

WOZ Sie nennen in Ihrer Solothurner Rede einige linke Schriftsteller, die inspiriert und inbrünstig im Geiste der Aufklärung schrieben, ohne grau und grämlich zu sein: Pablo Neruda, Gabriel García Márquez, Ernesto Cardenal. Wo sind die Europäer? Wo sind die Schweizer?

FRISCH Ich denke an J.-P. Sartre. Aber ihr lest ja selbst! Oder Meister Brecht. Schweizer? Jetzt fällt mir grad der Kurt Marti ein. Warum ich auf Lateinamerikaner gekommen bin: Ihre Literatur ist noch in einem homerischen Zustand sozusagen, sie erschließt eine Terra incognita. Das als Geburt der Aufklärung.

WOZ Welche Rolle spielte hier in Europa die Literatur beim Scheitern der Aufklärung? Was ist der Anteil der Literatur?

FRISCH Die Frage ist mir etwas zu groß. Auf deutsche Literatur beschränkt: Grass, Walser, Johnson, Weiss – und anders: Peter Handke auf dem Weg nach innen, Stunden der wahren Empfindung, Thomas Bernhard mit seinen grandiosen Schmähungen, die apolitisch sind, aber nicht deswegen hat Österreich jetzt seinen Waldheim. Und was kann Böll, der kritische Katholik und Bundesbürger, was kann er für Helmut Kohl? Ich weiß nicht.

WOZ Kann Literatur denn überhaupt aufklärerisch sein?

FRISCH Diderot, Voltaire, Lessing –?

WOZ Die Lateinamerikaner arbeiten oft mit verschiedenen Formen. Der Schriftsteller Mario Benedetti spricht von einer Notkunst,[90] die unter gewissen Umständen notwendig sei, wobei er hauptsächlich an die politische Wirkung denkt.

FRISCH Es gibt historische Situationen, wo Agit-Prop die einzige Literatur von Relevanz ist. Klar. Schon für Brecht war die Situation anders, das wusste er, drum brachte er seine Aufführungen nicht auf die Straße, nicht einmal in eine Werft, sondern ins Schiffbauerdamm-Theater. Oder ins Piccolo Teatro di Milano. Das Äußerste, was er seiner großen Kunst zutraute: Verunsicherung der Herrschenden. Im Augenblick weiß ich's nicht wörtlich. »Ohne mein Gedicht säßen die Herrschenden sichrer«, so etwa.[91] Eigentlich bescheiden. Und nicht lang nach seinem Tod saß ich im Teatro di Milano, umgeben von Nerz und Diamant, von Verunsicherung kein Hauch; ob Galilei oder Figaro oder Woyzeck oder Puntila, ein Schmaus. Was vermag Kunst zu bewirken? Diese Frage steht erst, wenn gesagt ist: wo und wann. Und ich meine, am wenigsten vermag Kunst, wenn sie ihre Existenz zu rechtfertigen sucht. Dann kann die Herrschaft sie an die Leine nehmen.

WOZ Sehen Sie Kunst und Literatur als Gegenmacht?

FRISCH Nicht eine Gegenmacht, nein, eine Gegen-Position zur Macht. Das ist ja etwas anderes. Als ich einmal mit Bundesrat Furgler eine öffentliche Diskussion[92] hatte, die übrigens verunglückt ist, sagte er: Aber der Schriftsteller, Herr Frisch, hat doch die Macht des Wortes! Das meinte er als Trost, kollegial sozusagen. Politiker können nicht anders denken als in Kategorien der Macht, nicht bloß Politiker, auch Leute der Wirtschaft. Irgendwie irritiert es sie, dass es jemandem gar nicht um die Macht geht, nein nicht einmal verstohlen und bescheiden. Wozu dichten wir denn lebenslänglich? Kunst als etwas anderes, das nicht auf Macht zielt, hat etwas Arrogantes. Und gelegentlich imponiert ihnen eben das Arrogante, nicht das Kunst-Produkt, das zu erwerben sie sich gedrängt fühlen. Warum diese Preise etwa für einen Klee? Es ist wie ein Reflex auf die Herablassung, dass es der Kunst nicht um die Macht geht, oder schon eine Ranküne der Macht: Wer es sich leisten kann, macht Kunst zum Wertpapier oder sich zum Sponsor.

WOZ Sich außerhalb der Logik der Herrschenden bewegen als eine Form von Subversion?

FRISCH Aber das braucht nicht einmal intendiert zu sein, das ist es, eine stille Subversion. Fürsten konnten damit noch umgehen, aber ein Bürgermeister auf Abruf?

WOZ Sie sprechen in Ihrer Rede von Widerstand und nicht von Revolte oder Revolution. Also keine großen Utopien mehr. Welche Chance hat die Menschheit überhaupt noch, das 21. Jahrhundert zu erleben?

FRISCH Widerstand, glaube ich, ist das Mögliche im Augenblick. Ich sehe keine revolutionäre Situation in der Ersten Welt, zumindest nicht nach dem klassischen Schema. Dabei leben wir eigentlich in Revolutionen. Ohne Barrikaden und ohne Sieger, Elektronik ist kein Sieger, sondern die Revolution selbst, sie hat sich sozusagen selbst ausgelöst, dabei gibt es Opfer und Nutznießer – Widerstand im Sinn der Aufklärung, ja, so habe ich gesagt. Weil aus Bern, wegen Asylanten damals in der Kirche Seebach, die Unterweisung gekommen ist, gegen rechtsstaatliches Handeln des Bundesrates bestehe keine Legitimation zum Widerstand. Was heißt das? Obrigkeitsstaat? Offenbar liegt das Thema in der Luft, zwei Wochen nach unserem Treff in Solothurn wiederholte unsere Bundesrätin ihre Unterweisung vor dem Parlament, ausgiebig unterstützt von Ernst Cincera, dem freisinnigen Denker. Also der Rechtsstaat könne Widerstand nicht dulden! Und da kann man eigentlich nur unterschreiben, sonst ist's Widerstand. Der fängt ja damit an, dass wir selber zu denken versuchen, und was daraus folgt, vielleicht ist es nicht einmal eine Handlung, aber schon Widerstand.[93]

WOZ Inwiefern?

FRISCH Zum Beispiel, indem ich mich selber informiere, und wenn sich dabei herausstellt, dass eine Regierung uns falsch informiert und zugleich unsern Gehorsam verlangt – zum Beispiel: Zivilschutzdienst –, da kenne ich jüngere Ärzte, die nicht wider ihr Wissen handeln wollen, nein, auch nicht in einem Rechtsstaat, und die diesen Dienst verweigern, also bestraft werden müssen. Das ist klar. Um des Rechtsstaates willen, Bezirksgefängnis oder Buße. Wenn die wissenschaftlichen Publikationen, die man ja lesen kann, etwa *Last Aid*,[94] das ist von amerikanischen

Ärzten geschrieben, und wenn Berechnungen etwa von NATO-Experten nicht hirnverbrannt sind, so kann einer den Zivilschutzdienst nur sehen als Schildbürgerstreich oder als amtlichen Volksbetrug – und dagegen besteht, wie wir aus Bern hören, keine Legitimation zum Widerstand.

WOZ Sie gehen ja in Ihrer Rede weiter und reden vom »Widerstand auch gegen die Rechtsstaatlichkeit als Kniff« …

FRISCH So einfach ist Regieren wohl nicht. Bundesrat von Steiger,[95] damals, hat Tausende und Tausende an die Henker geliefert, das Boot ist voll, und es war gar nicht wahr, aber ein Diktum, und das war auch ein rechtsstaatliches Handeln des Bundesrates, kein Zweifel, rechtsstaatlich in der Vollstreckung und eine historische Schuld trotzdem, die uns die Rechtsstaatlichkeit, als Götze, nicht abnimmt.

WOZ Was aber macht man konkret gegen diese Politik? Gegen die Ausschaffung usw.

FRISCH Ein Arzt namens Zuber hat neulich in Ostermundigen eine Familie trotz Ausweisung in sein Haus genommen, nicht versteckt, nein, sondern ganz öffentlich.[96] Was dabei herauskommt? Natürlich siegt der Staat, natürlich kann der Staat das nicht dulden. Wo käme er hin, unser Staat! Nur ist er vielleicht eines Tages deswegen nicht mehr der unsere.

WOZ Die Frage ist natürlich schon die nach dem Bruch von Legalität – eine Frage, die man sich umso dringender stellen muss, je notwendiger der Widerstand wird …

FRISCH In Chile, zum Beispiel, wäre das keine Gewissensfrage für mich. Für Tolstoi war es eine Gewissensfrage sogar im Russland des Zaren, den er schriftlich als Verbrecher bezeichnete.[97] Ich weiß nur: was aus einem gesitteten Widerstand wird, das hängt von der Lernfähigkeit oder der Unbelehrbarkeit der Macht-Inhaber ab. Ich meine jetzt nicht Toleranz, sondern Fähigkeit zur Einsicht.

WOZ Sie haben in Ihrer Rede eine Aussage gemacht, die gerade für Leute, die noch nicht 75-jährig sind, ungeheuerlich ist: »Ohne einen Durchbruch zur sittlichen Vernunft, die allein aus Widerstand kommen kann, gibt es kein nächstes Jahrhundert, fürchte ich.«

FRISCH Zurzeit kann ich's nicht anders sehen.

WOZ Was bedeutet das nun für die Literatur? Sie haben in den Sechzigerjahren als Schriftsteller in einem Leitartikel[98] interveniert. Ein Beispiel für Widerstand?

FRISCH Das nicht. Das wollen wir nicht als Résistance bezeichnen, nein, und das wäre auch ein zu großes Wort für allerlei anderes. Wie etwa das Unterzeichnen eines Aufrufs – zur Erhaltung einer Moorlandschaft[99] beispielsweise! Das ist staatsbürgerliche Anteilnahme. Wo fängt Widerstand an? Wenn etwa die Bauern von Rothenthurm sich wehren, und zwar nicht mit der Mistgabel, die keine Panzer kratzt, sondern vor Bundesgericht – das lässt sich als Widerstand bezeichnen, als gesitteter Widerstand.

WOZ Aber in Ihrer Situation, als sehr bekannte Persönlichkeit, wäre Öffentlichkeitsarbeit wohl doch die wirksamste Art, um Widerstand aufzuwerten.

FRISCH Öffentlichkeitsarbeit? Was zählt ihr dazu: eine Totenrede[100] im Großmünster auch? Oder ein mehrstündiges Video-Gespräch[101] im freundlichen Auftrag des Westdeutschen Fernsehens, das hier nicht gesendet wird – Öffentlichkeitsarbeit, das Wort für die Manager eines Konzerns und für den Vorstand einer Partei oder einer Anti-Partei macht mich als Schriftsteller etwas verlegen. Offen gestanden. Was ihr dabei, wie ich bemerke, eigentlich nicht zählt oder nur als eine Art von Pfründe, nicht als Öffentlichkeitsarbeit: *Stiller*, *Andorra*, *Homo faber*, *Biedermann*, *Tagebücher*, *Graf Öderland*, *Der Mensch erscheint im Holozän* etc., ich gestehe, die literarische Produktion ist mir schon wichtiger als eine Rede oder ein Interview.

WOZ Christa Wolf hat über Sie geschrieben: »Max Frisch lebt – kein Mann der extremen Zustände – im Bereich einer Skepsis, die in Resignation überzugehen droht, deren offenen Ausdruck er sich aber versagt, aus Scheu, aus Schamgefühl.«[102] Am Schluss Ihrer Rede haben Sie gesagt: »Hoffentlich gröle ich nie! Bloß weil ich aufgehört habe zu schreiben. Müde, ja, verbraucht.« Da wird doch, ganz im Gegensatz zur Solidarität mit dem Widerstand, der Resignation offen Ausdruck gegeben.

FRISCH Was versteht ihr unter Resignation? Einmal abgesehen davon, dass ihr etwa vierzig Jahre jünger seid, und da kann ich euch verraten: Es kommt zu biologischen Ermüdungen. Das unter uns! Ich halte es für erlaubt, nicht zu verheimlichen, wenn man am öffentlichen Verstand verzagt. Etliches in der heutigen Welt, und somit auch hier, sieht grundübel aus, im Widerspruch zur Zürcher Bank- und-Bahnhofstraße oder zur Delikatessen-und-Juwelier-Arkade in Bern, im Widerspruch zu diesem glanzbunten Optimismus an den Kiosken, im Widerspruch zu der Tonart von Männern und Frauen, die in ein Amt gewählt werden möchten. Das brauche ich euch nicht zu verraten! Also das habe ich nun gehört: die Rede in Solothurn töne so resigniert. Sorry! Übrigens habe ich sie auch an Christa Wolf geschickt; dazu ihre kurze Antwort: Deine Rede leuchtet uns ein. Eine junge Genossin hingegen soll geschimpft haben, richtig gestampft und geschimpft: Das darf er einfach nicht sagen, er nimmt uns ja die Hoffnung! Sie hoffte vermutlich auf eine Parole. Welche? Ich habe ihr dann ebenfalls den Text geschickt, gedruckt im *Pro Helvetia*-Magazin, und mit Stabilo-Boss übermalt, was sie vielleicht überhört hat: »Ein Aufruf zur Hoffnung ist heute ein Aufruf zum Widerstand.« Das meine ich. Resignation? Das ist auch so eine Floskel. Einem Bundesrat Schlumpf, der nach Tschernobyl sofort und unverdrossen die planmäßige Eröffnung von Kaiseraugst[103] ankündigt, wird man nicht Resignation vorwerfen, denn er hält ja durch, das ist noch ein Mann, wie ein Mann sein soll. Einer, der die Interessen der Kernkraftmeier nicht aufgibt, indem er sich einer neuen Einsicht aussetzt – einer Resignation.

WOZ Alter und Widerstand: Gibt es so etwas wie eine Widerstands-AHV?

FRISCH Vielleicht unterschätzen wir die Alten als politisches Potential, denn erstens werden sie immer mehr, zweitens müssen sie ja keine Karriere mehr machen und also nicht bangen, ob ein Gilgen[104] sie zulassen wird. Stellt euch das vor: lauter Alte auf den Barrikaden rings um das Bundeshaus! Nur dürfen halt die Barrikaden nicht zu hoch sein.

WOZ Warum wird eigentlich so wenig über das Alter geschrieben? Das ist doch heute ein ganz zentrales Thema.

FRISCH »Wer alt wird, ist selber schuld«, der letzte Satz in meinem zweiten Tagebuch, geschrieben 1971. Es gibt ein Buch von Luis Buñuel, das ich kürzlich gelesen habe, *Mein letzter Seufzer*. So wahr wie grauenvoll, also großartig. Hingegen den alten Goethe würde ich nicht zur Lektüre empfehlen, der schummelt und posiert. Natürlich gibt es viel über das Alter zu sagen, dazu habe ich aber heute Vormittag keine Lust.

WOZ Ihr Werk und Ihre Person stehen ja in einem engen Zusammenhang. Vor allem in Ihren Romanen ist Ihre Person stark reflektiert. Es gibt sogar eine Stelle, wo Sie sagen, im Prinzip sei Ihnen das Schreiben besser gelungen als das Leben …

FRISCH Habe ich es so gesagt? Irgendwo heißt es: Leben ist langweilig, ich mache Erfahrungen nur noch, wenn ich schreibe. Und das bedeutet etwas anderes.

WOZ Haben Sie denn das Gefühl, alles Sagbare gesagt zu haben?

FRISCH Muss alles Sagbare denn gesagt sein? Die sprachliche Einkreisung des Unsagbaren, das mich vor allem beschäftigt, wäre das Gedicht.

WOZ Wie ist es denn mit der Fortsetzung Ihres Werkes durch die andern? Man hat ja im Zusammenhang mit Ihrer Rede von einer »Stabübergabe« geredet …

FRISCH Dabei denkt man sofort an Stolpern.

WOZ Sehen Sie in der Schweiz literarische Nachkommen? Sie hatten und haben für viele eine große Bedeutung. Für viele Sozialdemokraten waren Sie eine Identifikationsfigur.

FRISCH Das haben mir unsere Sozialdemokraten aber verschwiegen. Und meine Bedeutung für SchriftstellerInnen, da fallen schon einmal alle aus, die diese Emanzen-Orthographie betreiben: SchweizerInnen, GötterInnen, MännerInnen. Nervt euch das noch nicht? Also: – die Nachgeborenen, und da muss man eigentlich nicht mich fragen, ob die sich als meine Nachkommen empfinden, als Erben ohne Tantiemen-Anteil. Ich liebte sehr, was damals Albin Zollinger schrieb. Im Grund etwas Fremdes für meine Konstitution als Schreiber, seine Hymnik um Phlox und Pfannenstiel und Bachtel als Vesuv. Aber die

Sensation, dass da einer dichtet heute und hierzuland, sozusagen hier um die Ecke und vielleicht grad in diesem Augenblick. Das heißt ja doch: Versuch's auch! Und das ergab schon so eine Dankbarkeit, eine Zärtlichkeit zu diesem Lehrer in Oerlikon, den ich nur einmal, kurz vor seinem frühen Tod, eine halbe Stunde lang getroffen habe.[105] Bin ich sein Nachkomme literarisch? Meinrad Inglin war mir zu fremd, zu solid und regional-gestanden, so kam's mir vor, ein Landammann mit Bibliothek und Flinte und Verfasser eines großen Schweizerspiegels, den ich lesen sollte, und Caesar von Arx, unser Dramatiker, als Lehrmeister einfach zu unbegabt. Ludwig Hohl? Zu jung als literarische Vater-Figur. Und Robert Walser damals so entrückt wie Gottfried Benn, wenn auch aus andern Gründen. Was habe ich bloß gelesen? Hans Carossa, tatsächlich, und Nietzsche, den ich grad wiederlese, so ein Überfott von Genie, und das also zur Hitler-Zeit, ja, dazu Rilke und Hofmannsthal und andere Ikonen der Kultur – und heute, ein halbes Jahrhundert später, hockt ihr sympathisch-unbefangen da und fragt mich nach meinen literarischen Nachkommen. Wen soll ich denn jetzt kränken?

WOZ Worin sehen Sie Ihre inhaltliche Wirkung? Haben Sie die Schweizer Literatur politisiert?

FRISCH Sie ist politischer geworden, ja, aber auch das ist vielleicht schon vorbei. Ein Blitzkerl wie Hermann Burger? Wie auch immer – das kam ja nicht durch meine Person, meine Produktion, sondern durch eine historische Veränderung. Die habe ich allerdings erlebt, ja. Als ich meinen ersten Roman vorlegte, *J'adore ce qui me brûle*,[106] meinte Emil Staiger, mein Freund beim Pilzen: Eine sehr gute Erzählung für schweizerische Verhältnisse! Vergleichbarkeit mit ausländischer Literatur, kein Gedanke daran, nein, der junge Camus war Littérature, ich hingegen der beste Schreiber zwischen Tiefenbrunnen und Zollikon, wo der Professor Faesi vergreiste. Nun ja. Und so ging's bis 1946 oder 1947. Dass Albin Zollinger gescheitert ist, das macht sein Jahrgang, ich meine, dass seine literarische Produktion in die Epoche der Geistigen Landesverteidigung gefallen ist. Ein Roman, der in Oerlikon spielt zur Hitler-Zeit und der die Waffenfabrik Oerlikon nicht einmal wahrnimmt, und dabei war Zollinger ein Sozialdemokrat, ein leidenschaftlicher gar, ich erinnere mich, wie er, etwas spindeldürr in der Erscheinung, im Rathaussaal ein Gedicht[107] vorlas: Gegen den Abessinien-Krieg des Mussolini, und in jenen Jahren gab es in der Schweiz einen einzigen Kritiker, dessen Urteil darüber entschied, was gelesen wird, was ohne Selbstverlag gedruckt wird, ein Eduard Korrodi, NZZ, mein erster Förderer übrigens. Also der fand, dass Albin Zollinger mit seinem Mussolini-Gedicht ganz daneben ist, leider, denn so viele Begabungen gibt's ja nicht. Warum besingt so ein Zollinger nicht die Juni-Wolken? Das gelang ihm nämlich – also die Politisierung der schweizerischen Literatur nach dem Weltkrieg, hat das nicht einfach damit zu tun, dass unsere Schriftsteller, Frisch inbegriffen, endlich wieder in deutschen Verlagen publizieren konnten? Und das heißt ja: im Wettbewerb mit deutschen Autoren, die aus russischer oder amerikanischer Gefangenschaft kamen, Andersch oder Böll oder Arno Schmidt, Eich, Peter Weiss aus dem Exil, später Grass oder Johnson und so weiter, Ingeborg Bachmann, und da ist Literatur einfach kein schweizerischer Nationalpark mehr, den ein Eduard Korrodi oder herablassend ein Max Rychner betreut. Kurz gesagt: Ein Peter Bichsel tritt in der Gruppe 47 an, und sie erkannten ihn sofort in seiner Kürze, seither wohnt er in Bellach, wenn er nicht in Korea liest wie eben jetzt, und ein Niklaus Meienberg hat nicht anzutreten als Meister vom Seefeld, sondern wenn er publiziert, da muss er schon darauf gefasst sein, dass sein Text vielleicht auch in Hamburg, zum Beispiel, beurteilt wird – nach dem Grad seiner Relevanz – ob verarscht oder gelobt, nun ja, er wurde hoch gelobt.

WOZ Heute stellt sich wohl tatsächlich weniger das Problem der Unterbewertung der Schweizer Literatur, als vielmehr das der Vereinnahmung durch den Literatur-Betrieb. Wir stellen von der Zeitung aus immer wieder eine Tabuisierung gewisser Themen fest, dieses allumfassende Konsens-Denken, das man sonst eher aus der schweizerischen Polit-Szene kennt. Um nur auf ein konkretes Beispiel zu verweisen: Muschg – Hänny, der gestandene Schriftsteller und sein Schützling: Vor genau einem Jahr wurde Hännys neuestes Buch in der WOZ kritisiert, und genau so lange dauert nun auch schon die Gesprächsverweigerung der beiden gegenüber der WOZ.[108] Die Frage, um die es uns ging, war doch: Ohne was sitzen die Herrschenden sicherer? Und da haben wir gesagt: So wie es der Hänny macht, bringt das nichts. Darf man das nicht sagen?

FRISCH Davon habe ich gehört, ja, von allen drei Kollegen: Meienberg-Hänny-Muschg. Wenn ihr mich als Schiedsrichter bestellt, bitte nicht, sonst muss ich in die Hosentasche greifen und die Gelbe Karte zeigen. Wem? Ich bin auch für blanke Kritik, ja, auch unter Kollegen, aber sobald halt eine Rezension nach kollegialem Ressentiment riecht, das bringt lokale Querelen statt Disput. Schade. Wenn ich ab und zu ein WOZ-Abonnement verschenke, so tu ich's, weil wir den Disput brauchen.

WOZ Ist nicht in der Schweiz das noch allseits opportune Maß an Kritik zu klein?

FRISCH Disput muss auch gelernt werden.

WOZ Dissens als Delikt, das bekannte Wort von Meienberg.[109]

FRISCH Mir war es nicht bekannt. Stimmt es? Übrigens weiß ich nicht, ob unser Niklaus selber keine Mimose ist. Dann wäre er in der Tat ein einsamer Mann in der Literatur-Szene.

WOZ Nochmals zurück nach Solothurn. Hatten Sie nicht das Gefühl, etwas monumentalisiert zu werden?

FRISCH Habt ihr in Solothurn einen roten Teppich gesehen oder einen Fackelzug oder was? Ich hockte drüben im *Kreuz*. Habt ihr eine Fanfare gehört oder Glockengeläute? Schriftstellerinnen und Schriftsteller fanden eine Geste der Kollegialität mit einem Veteranen, eine berufliche Geste, und der Veteran bedankte sich mit einer beruflichen Rede gewissermaßen. Monumentalisierung? Eine landesübliche Art von Schiss, einen Zeitgenossen überschätzt zu haben, wenn man ihn feiert, diese helvetische Neurose ist aber euer Problem, nicht meines. Euer Provinzialismus-Problem. Ich fühlte mich in Solothurn eigentlich wohl, zum Schluss etwas ermüdet. Zu viel Zigarettenrauch am Tisch.

WOZ Die NZZ hat dann aber sehr scharf auf Ihre Rede reagiert.

FRISCH Habt ihr etwas anderes erwartet? Das begann schon vor vierzig Jahren, als ich von Redaktor Bieri, heute Bankier, als Krypto-Kommunist etikettiert worden bin – zusammen mit dem Theologen Karl Barth in Basel.[110]

WOZ Die NZZ schafft es aber heute bestens, Ihr literarisches Werk von Ihren politischen Einstellungen zu trennen und in einer Literaturbeilage zu feiern.

FRISCH Was Beatrice von Matt geschrieben hat, ist eine sensible Analyse, so finde ich, und über einen Berg von Sekundärliteratur hinaus eine neue Perspektive.[III] Manchmal tönt es aus dieser Redaktion auch anders, ja, zum kleinen *Tell für die Schule* gab Hanno Helbling die Note: Banause. Zum *Triptychon*, das sind so drei szenische Versuche über meine Todesvorstellung, fand Hanno Helbling: ein ernst zu nehmender Text. Da war ich ja auch schon siebzig! Anderes wurde einfach totgeschwiegen. Zum Beispiel ein *Tagebuch 1966-1971*. Was aber Werner Weber nie hinderte, mich weiterhin in irgendeinem Foyer sehr freundlich zu grüßen. Wenn nötig, zum Beispiel beim *Dienstbüchlein*, scheut sich diese Landeszeitung auch nicht vor Zitat-Fälschungen, die Ernst Leisi besorgt, Professor an der Universität Zürich.

WOZ Zeigen diese Attacken der NZZ, dass Sie dem Kapital ein Ärgernis sind?

FRISCH Offenbar.

Ich kann mir kaum vorstellen, dass ohne politisches Bewusstsein große Literatur entsteht
(1989)

In seinen letzten Lebensjahren gab Max Frisch nur noch selten Interviews. Mit dem Journalisten RENÉ ZAHND *(*1958) sprach er, weil 1989 der dialogische Prosatext »Schweiz ohne Armee? Ein Palaver« erschien und kurz darauf die Bühnenfassung mit dem Titel »Jonas und sein Veteran« unter der Regie von Benno Besson am Schauspielhaus Zürich und in französischer Übersetzung am Théâtre de Vidy in Lausanne uraufgeführt wurde. Frisch ergriff Partei für die »Gruppe Schweiz ohne Armee« (GSoA), deren Volksinitiative zur Abschaffung der Schweizer Armee im November 1989 zur Abstimmung kam und bei außergewöhnlich hoher Stimmbeteiligung einen Ja-Anteil von 35,6% erzielte. Zugleich ist das Interview, das in der vorliegenden Form in der* SONNTAGSZEITUNG *erschien, ein später Rückblick Frischs auf sein schwieriges Verhältnis zur Schweiz.*

*

RENÉ ZAHND Wie geht es Ihnen heute?

MAX FRISCH Ich bin schon in hohen Jahren, wie Sie sehen und wissen, und ich kann nicht mehr so viel tun. Das heißt, ich kann nicht mehr sehr viele Stunden am Tag arbeiten, ich bin behindert durch Asthma, schweres Asthma. Ich lese nicht sehr viel, ich war nie ein großer Leser. Dafür habe ich sehr viel geschrieben, sehr viele Notizen gemacht. Das hat aufgehört.

ZAHND Warum eigentlich?

FRISCH Das ist schwer zu sagen. Es ist nicht so, dass keine Ideen da sind, aber irgendwie ist die Motivation weg.

ZAHND Vor ein paar Monaten ist Ihr Text *Schweiz ohne Armee? Ein Palaver* publiziert worden.

FRISCH Es ist möglich, dass ich kurz vor der Abstimmung noch etwas sagen werde ... Nur wird es dann so sein, dass meine *Kommentare* zum Thema Armeeabschaffung diskutiert werden, und nicht mehr das *Buch*. Ich will entweder nichts diskutieren oder das Buch, und nur das Buch.

ZAHND Ich möchte ein Porträt schreiben, auch wegen der bevorstehenden Premiere von *Jonas und sein Veteran* in Lausanne.

FRISCH Ja, klar, das verstehe ich. Wegen Lausanne habe ich auch ja gesagt. Wenn die Premiere anderswo stattfinden würde, wäre ich nicht daran interessiert.

ZAHND Wir müssen nicht unbedingt vom *Palaver* sprechen.

FRISCH Natürlich können Sie erwähnen, dass es da ist, aber ich werde mich nicht zur bisherigen Reaktion äußern. Es erscheint kein Kommentar zum Buch und zum Thema. Ich würde gerne darüber reden, das ist ja klar, das interessiert mich brennend. Es ist nicht Gleichgültigkeit. Aber es wäre ungeheuer schwächend. Das Buch kam überraschend, es wusste niemand, dass es kommt, weil ich es auch nicht lange geplant habe. Ich habe mich entschlossen einzugreifen, als ich von diesen »Diamant«-Veranstaltungen[112] hörte.

ZAHND Von den Veranstaltungen für die Schweizer Veteranen des Zweiten Weltkriegs.

FRISCH Ja. Ich bin auch ein Veteran, aber ich werde

selber sagen, was ich denke, und mir vom Militär nicht noch sagen lassen, wie ich mich zu erinnern habe. Den *Jonas* habe ich sehr rasch geschrieben, weil ich wollte, dass er vor den Sommerferien als Büchlein vorliegt. Es war dann Anfang Juni da, und das war überraschend. Wir haben keine Vorabdrucke gemacht, gar nichts. Und so hat es eine wirkliche Diskussion auslösen können.

ZAHND Ich fühle mich wie Jonas. Ich bin 31 Jahre alt, und solche Diskussionen habe ich schon mit meinem Vater gehabt, der Korporal war in einer Sanitätskompanie. Er ist 72 Jahre alt und hat das alles mitgemacht.

FRISCH Jonas – den Namen habe ich ja von dem Film von Alain Tanner genommen, wie hieß er …

ZAHND *Jonas qui aura 25 ans en l'an 2000.*[113]

FRISCH Ja.

ZAHND Gehen Sie öfters ins Theater?

FRISCH Jetzt nicht mehr. Früher war ich ein begeisterter Theatergänger. Heute weniger. Nicht nur, weil ich selber lange nichts mehr geschrieben habe, sondern weil ich einfach nicht mehr diese Freude daran habe.

ZAHND Fühlen Sie sich in der Schweiz als Dissident? Ich frage mich, warum Sie noch in der Schweiz leben.

FRISCH Weil … Ich fühle mich nicht als Dissident … fragt sich, wie man das meint. Dissident ist ja einer, der ein System total ablehnt, der zum Beispiel das kommunistische total ablehnt und damit in aktiver oder in stiller Opposition lebt. Ich lehne ja die Demokratie nicht ab. Die Schwierigkeit kommt daher, dass ich die Demokratie *will* und nicht der Meinung bin, dass wir sie haben. Das ist es also. Oder nur eine sehr formelle Demokratie, die im großen Ganzen sehr schön funktioniert, aber auch nicht mehr. Ich würde mich nicht als Dissidenten bezeichnen.

ZAHND Sie haben lange Zeit im Ausland gelebt.

FRISCH Eine Zeitlang in Rom, fünf Jahre. Als ich 1965 von dort zurückkehrte, wollte ich mich zur Schweiz nicht mehr äußern. Das, was ich zu sagen hatte, habe ich gesagt – und sehr viel Neues ist mir dazu nicht eingefallen. Doch kaum war ich wieder in der Schweiz, sah ich, wie die italienischen Gastarbeiter behandelt wurden. Ich mag die Italiener sehr als Menschentyp, ihre Humanität im Alltag. Und deshalb habe ich für das Buch *Siamo italiani* eines Freundes das Vorwort geschrieben. Das brachte mich sogleich wieder in den *Clinch* mit dem Land. Später lebte ich neben Zürich auch in Berlin. Aber auch das war keine Emigration. In diesem kleinen Land ist es sehr natürlich, dass man es immer wieder verlässt. Als ich zum dritten Mal wegging, war das wegen der Faszination und einer persönlichen Beziehung. So lebte ich dreieinhalb Jahre in New York.

ZAHND Und weshalb kehrten Sie diesmal zurück?

FRISCH Weil die Beziehung sich auflöste, aber auch, weil mich dieses Reagan-Amerika politisch so sehr geärgert hat. 1950, als ich erstmals dort lebte, war es noch das Amerika vom *american dream*. Jetzt ist es doch sehr, sehr nationalistisch geworden. Diese Reagan-Bewegung war entsetzlich, dieser Groß-Chauvinismus. Dieses *Wir, wir, wir können alles, wir!* erinnerte mich manchmal fast an die Jahre 36, 37 in Deutschland.

ZAHND 1950, in den USA, haben Sie sich entschieden, ausschließlich Schriftsteller zu sein.

FRISCH Ja. Damals befand ich mich in der einzigen Situation, in der eine Auswanderung wirklich in Frage gekommen wäre. Ich war ja noch Architekt *und* Schreiber und musste nun die Entscheidung fällen, denn beides ging auf die Dauer nicht. Ich habe es zehn Jahre nebeneinander gemacht, aber es ging nicht. Wenn ich mich damals für den Beruf des Architekten entschieden hätte, wäre ich in Amerika geblieben, weil ich dort größere Chancen gehabt hätte. Das wäre Auswandern gewesen, aber nicht Auswandern im Sinn des Dissidenten, gar nicht … Ich gehöre zu diesem Land und das Land zu mir. Und dass mich vieles an der Schweizer Mentalität sehr stört, ist kein Grund zu gehen. Das wäre in einem anderen Land auch wieder so. Ich glaube, auch dort würde ich sehr vieles der Kritik unterziehen. Deshalb finde ich nichts Besonderes daran, dass es Menschen gibt, für die die Anpassung, das Einverständnis mit einem System, nicht ohne weiteres möglich ist. Das Merkwürdige ist ja, dass das in der Schweiz immer als ein Versagen des betreffenden Menschen angesehen wird. Es gab einmal ein Buch von Karl Schmid über das Unbehagen im Kleinstaat.[114] Schmid war sehr freundlich gegenüber dem, was ich literarisch gemacht habe, aber er sah mich als Psychopathen, denn wenn man gesund ist, leidet man nicht an seinem Land. Sicher bin ich ein Psychopath, aber das heißt noch nicht, dass das Land gesund ist (*lacht*). Ich komme zurecht, mir geht es gut.

ZAHND Wie entwickelte sich Ihre Haltung zur Schweiz?

FRISCH Es war eine politische Entwicklung, die sich bei mir abgespielt hat, sehr, sehr langsam, alemannisch langsam, von einer kleinbürgerlichen apolitischen Haltung weg zum Aufklärerischen, zum Sozialismus hin. Und da stehe ich in diesem Land sowieso nicht auf der Seite jener, die das Wort führen, das ist wahr. (*Denkt lange nach*) Es ist schwer zu sagen, wie viel Schaden man erlitten hat durch die Situation, in der sich die Intellektuellen in der Schweiz befinden. Wenn es zu einer Kontroverse mit einer klaren, intellektuell kämpfenden Gegnerschaft käme, so wäre das natürlich stimulierend, denn in der Auseinandersetzung fällt mir immer etwas ein. Bei uns ist es aber so: Wenn jemand etwas sagt, das dem Establishment nicht gefällt, so herrscht Schweigen. Das ist es, was in diesem Land so viele einschüchtert. Man redet wie in Watte hinein. Da kann es einem auch passieren, was mir passiert ist: dass man zu schreien beginnt. Dass man nicht mehr normal redet, sondern brüllt.

ZAHND Man hat das Gefühl, dass in der Deutschschweiz Literatur und Journalismus viel kritischer sind als in der Westschweiz. Ich denke da auch an Niklaus Meienberg.

FRISCH Ja. Das ist eigentlich sehr merkwürdig, denn das hat es bei uns lange Zeit kaum gegeben. Während des Krieges vor allem, da hielt man zusammen, war unter Druck und wusste auch sehr wenig. Nach dem Krieg konnten einige von uns diese Fesseln sprengen. Das machte gesellschaftliche Auseinandersetzungen möglich, ausgetragen zum Beispiel von Otto F. Walter oder von Peter Bichsel, der auf seine Weise auch ein anregender Gegner ist. Er trägt es nur anders vor, ruhiger, gelassener.

ZAHND Wenn Sie die Menschen anschauen, die Welt, sind Sie da noch Optimist?

FRISCH Ja. (*Pause*) Sehr. (*Pause*) Aber es ist den Menschen schon sehr vieles misslungen. Das Christentum ist auch nicht ganz gelungen und hat schon 2000 Jahre Experimente und Inquisitionen, schöne Dome, schöne Kathedralen, Humbug und Märtyrer hinter sich. Sozialismus/Kommunismus sind daran gescheitert, dass das Tier im Menschen so stark ist, der Eigennutz, der Beherrschtrieb.

Was wir, die Linken im weiteren Sinne, ja wollen, ist einen Menschen herstellen, den der liebe Gott, weil er am Samstag aufgehört hat zu arbeiten, nicht mehr hergestellt hat. Das ist zwar schwierig oder gar unmöglich und ist trotzdem unser Ziel. Also eine Utopie.

Ich lehne den Kapitalismus als System ganz eindeutig ab. Aber in sich hat der Kapitalismus eine Kraft, weil er mit Instinkten arbeitet, mit animalischen Instinkten, mit der Sucht zu beherrschen, mit der Sucht, der Stärkere zu sein. Die Versuche, es besser zu machen, sind nur zum Teil gelungen, wie das Christentum auch. Deshalb würde ich nicht das Wort Optimist verwenden, das ich auch gar nicht so mag, sondern das Wort Utopie. Wir brauchen die Utopie als Fernziel. Nur die Tiere leben ohne eine Utopie. Wenn wir die Utopie von einer menschlichen Gerechtigkeit nicht hätten, so hätten wir nicht einmal die Jurisprudenz. Auch wenn nie Menschen mit Menschen gerecht sein können, soll die Utopie wie ein Magnet wirken, der die Nadel richtet für die Mündigen.

ZAHND Demnach hat ein Schriftsteller die Pflicht, für eine Sache zu kämpfen?

FRISCH Er muss nicht, nein, er *kann*. Ich würde ihm nicht vorschreiben, was er tun soll. Andererseits kann ich mir kaum vorstellen, dass gute oder große Literatur entstehen kann, ohne dass ein politisches Bewusstsein dahintersteht. Es mag Situationen in der Geschichte geben, in denen die Literatur hinausgeht auf die Straße und auf die Barrikaden. Ich kann mir auch denken, dass man zum Beispiel bei einer Besetzung des eigenen Landes durch fremde Truppen Texte verfasst oder ein Lied, um ermutigend gegen die Besetzer anzugehen oder sie zu vertreiben. Aber das ist keine Pflicht für die Kunst. Ihre Hauptirritation besteht ja darin, dass sie vorhanden ist, ohne dass sie eine Rechtfertigung braucht. Das irritiert das andere, das nicht künstlerische Denken grundsätzlich. Eine Armee braucht eine Rechtfertigung, damit sie da sein kann. Man kann nicht einfach sagen: So eine Armee ist doch schön – haben wir halt eine. Kunst ist da und muss keinen Zweck erfüllen. Was rechtfertigt Rimbaud? Dass er schön ist, dass er stark ist.

ZAHND Sie haben im Theaterstück *Biografie: Ein Spiel* einen Mann beschrieben, der seine Biografie »umschreiben« darf. Haben Sie da auch von Ihrer Art zu schreiben gesprochen?

FRISCH Ich weiß es gar nicht. Es war beim Schreiben immer interessant festzustellen, welche Erfahrungen man mit sich selber macht. Mir geht es so: Wenn ich schreibe, habe ich keine Gewissheit vor mir, die ich jetzt beweisen will, sondern es ist eine Recherche mehr. Ich gehe in den Wald hinein in der Hoffnung, an einen See zu kommen, komme aber an eine Felswand. Das ist dann auch das Spannende dran. Die *Biografie* ging damals davon aus, dass mich die Vorstellung irritierte, eine Geschichte, die so und so stattgefunden hat, hätte so und so stattfinden *müssen*. Man glaubt, dass die Geschichte, die Novelle, die man geschrieben hat, gar nicht anders hätte verlaufen können. Am Ende verunglückt das Kind, und der Mann nimmt sich das Leben. Plötzlich gibt das eine Verabsolutierung und eine Art von Gläubigkeit, die ich nicht mitmache. Ich wollte das am Theater durchspielen und zeigen, wie das aussieht, wenn die Hauptperson sich anders verhält und dann in der Phantasie, die sie hat, fabuliert.

Man ist geprägt von Erfahrungen, die man gemacht hat, die einem aber nicht bewusst sind. Nun erträgt man eine

Erfahrung sehr schlecht, wenn man daraus keine Geschichte machen kann. Wenn ich Sie bitte, mir ganz ehrlich Ihr Leben zu erzählen, und, einmal angenommen, Sie täten das, dann ist das eine Sache. Die andere Methode ist: Ich will davon gar nichts wissen. Aber Sie werden in ein schönes Haus eingesperrt und schreiben 77 kleine Geschichten, lustige, ernste, irgendwas. Und im Rahmen dieser Hypothese behaupte ich: Nach diesen 77 Geschichten weiß ich mehr über Sie, als wenn Sie mir Ihr ganzes Leben erzählt haben. Und Sie auch.

ZAHND Die 700-Jahr-Feiern stehen vor der Türe.[115] Möchten Sie dieses Ereignis kommentieren?

FRISCH Gar nicht. Das interessiert mich überhaupt nicht. Die Schweiz muss, wenn sie nicht untergehen will, anfangen, auf die Zukunft hin zu denken. Das ist es ja, was ich den Schweizern vorwerfe: Sie sind nur am Verteidigen. Landesverteidigung, Gesamtverteidigung – und jetzt müssen wir das auch noch feiern! Es ist uns eine große Verlegenheit, dass wir alle reich sind. Nein, nicht alle, denn eine halbe Million lebt an der Armutsgrenze. Aber wir sind reich. Das ist es, was es zu feiern gibt. Aber so ist es auch nicht möglich, wirklich Freude zu empfinden.

ZAHND Im Waadtland gibt es ein Sprichwort: Il n'y a point comme nous. Es gibt keine wie uns.

FRISCH Das ist aber sehr schweizerisch. Wir sind ganz anders. Der Sonderfall (*lacht*). Ich denke, die Feier ist uninteressant. Weil es eine Feier ist, wird es nicht dazu kommen, dass es eine wirkliche Begegnung mit der eigenen Geschichte wird, aus der man selber einen Rest Bewusstsein bekommen könnte. Eine Art Psychoanalyse. Das sind wir gewesen, ai! Was für eine grauenhafte Sache war das? 700 Jahr, wunderbar. Als das Waadtland unterdrückt wurde, war das ja wunderbar – für die Berner. Die Geschichte wäre hochinteressant, nicht? Ich kann mir auch nicht vorstellen, dass so ein junger Mensch wie Sie derart daran interessiert ist – an der Geschichte, unter Umständen, ja – aber am Feiern? Die Affen gibt's doch schon viel länger als uns. Machen wir doch lieber Gegenfeiern. 7000 Jahre Affen. In allen Zoos gibt es dann ein ganz großes Fest. Die kriegen alle von Anfang an nur von den besten Nüsschen. Und dann die Schildkröten, zu den Sauriern zurück. Da geht es dann in die Jahrmillionen. – Wann ist die Weinlese im Lavaux?

ZAHND Ende September, Anfang Oktober.

FRISCH Ich komme erst am 20., 25. Oktober hinunter. Nach Lausanne, zur Aufführung. Da muss man durch das schöne Lavaux fahren. Es ist so schön da oben. Dézaley, all diese schönen Weine nebeneinander.

ZAHND Das kennen Sie alles?

FRISCH Ja, ich bin da ein paar Mal durchgefahren. Es ist auch schön, wenn man da etwas trinken oder mitnehmen kann. Das ist eine ganz wunderbare Gegend. Und sie ist sogar immer noch intakt.

Anmerkungen

1 Eine ähnliche Formulierung findet sich in Korrodis Text »Der schweizerische Verlag als Träger schöngeistiger Literatur« (NZZ vom 17.03.1924), der sich mit dem Problem auseinandersetzt, dass viele Schweizer Erzähler – wie Frisch bereits mit seinem Debüt – nicht in der Schweiz, sondern in Deutschland erscheinen; er endet mit den Worten: »Gebt acht auf die Rekruten, wenn ihr Nachwuchs haben wollt!« (Zitiert nach: Eduard Korrodi, *Ausgewählte Feuilletons*, hrsg. von Helen Münch-Küng, Bern etc.: Haupt, 1995, S. 151)

2 Frisch hat seine persönliche Bekanntschaft mit Brecht wiederholt geschildert, namentlich in den beiden großen Tagebüchern (*Gesammelte Werke in zeitlicher Folge*, hrsg. von Hans Mayer unter Mitwirkung von Walter Schmitz, 7 Bde., Frankfurt/M.: Suhrkamp, 1986 [= GW], Bd. 2, S. 593-600, und Bd. 6, S. 20-38).

3 Siehe GW 2, S. 600 f. (*Zur Schriftstellerei*).

4 So lautete der Titel der Rede, die Frisch anlässlich der Verleihung des Georg-Büchner-Preises am 08. 11. 1958 vor der Deutschen Akademie für Sprache und Dichtung in Darmstadt gehalten hat. Unter demselben Titel erschien der Text kurz darauf auch in der FRANKFURTER ALLGEMEINEN ZEITUNG (14. 11. 1958). Heute ist die Rede unter dem Titel *Emigranten* bekannt (GW 4, S. 229-243).

5 Paolo Milano (1904-1988) und Cesare Cases (1920-2005), italienische Literaten und Kritiker.

6 Das hält schon Walter Benjamin in seinen *Notizen Svendborg Sommer 1934* fest: »Auf einen Längsbalken, der die Decke von Brechts Arbeitszimmer stützt, sind die Worte gemalt: ›Die Wahrheit ist konkret.‹« (*Gesammelte Schriften* VI, S. 526)

7 Siehe GW 2, S. 588 (*Autobiographie*).

8 Die Anekdote findet sich im Eintrag *Berlin, November 1947* (GW 2, S. 530-532).

9 »Fabeln, scheint es, gibt es zu Tausenden, jeder Bekannte wüsste eine, Unbekannte verschenken sie in einem Brief, jede ist ein Stück, ein Roman, ein Film, eine Kurzgeschichte, je nach der Hand, die sie zu greifen vermöchte – es fragt sich bloß, wie und an welchen Zipfeln sie ergriffen wird; welche ihrer zahlreichen Situationen sich kristallisiert …« (*Zur Schriftstellerei*, GW 2, S. 577)

10 Frisch hat das Hörspiel *Herr Biedermann und die Brandstifter* (1953) im Auftrag des Studios Zürich verfasst und sich dazu wie folgt geäußert: »Es ist mein erstes Hörspiel, und ich weiß nicht, wieweit es mir gelungen ist, mich in diesem neuen Medium auszudrücken. Wer vom Theater kommt, ist gewohnt, das Optische einzusetzen. Im Hörspiel steht alles auf dem Wort.« (*Materialien zu Max Frisch ›Biedermann und die Brandstifter‹*, hrsg. von Walter Schmitz, Frankfurt/M.: Suhrkamp, 1979, S. 65)

11 Im Gespräch mit Bienek sagt Dürrenmatt, er sei froh um andere große Dramatiker, »und wenn Frisch z. B. ein neues Stück geschrieben hat, wie jetzt eben, komme ich rein sportlich wieder in Schwung; das Gefühl, nachspurten zu müssen, ist schließlich auch in der Schriftstellerei belebend, nicht nur im Sport.« (Bienek, *Werkstattgespräche mit Schriftstellern*, S. 103)

12 Vermutlich handelt es sich um das Drehbuch zu *SOS Gletscherpilot* von Victor Vicas (CH/1959). Im Auftrag des Produzenten Oscar Düby verfasste Frisch das erste Treatment (Arbeitstitel: *Die Vermissten*), sein Name erscheint aber nicht im fertigen Film. Außerdem war er am Drehbuch zu *Wilhelm Tell (Burgen in Flammen)* von Michel Dickoff und Karl Hartl (CH/1960) beteiligt.

13 Gemeint ist Gottfried Honegger (1917-2016), Schweizer Grafiker, Maler und Plastiker und einer der engsten Freunde Frischs.

14 »Fötzel«: »Einer, der in zerrissenen Kleidern herum läuft; daher: liederlicher, verächtlicher Mensch, der wie Hadern

unbrauchbar, nichtsnutzig ist; Taugenichts, Schlingel, der bloss Mutwillen treibt« (*Schweizerisches Idiotikon* I, Sp. 1155); umgangssprachlich häufig auch in der Kombination »fremder Fötzel«.

15 Seit dem Ende des Zweiten Weltkriegs verfolgte die Schweiz Pläne für eine atomare Bewaffnung. 1958 gab der Bundesrat eine Grundsatzerklärung ab: »In Übereinstimmung mit unserer jahrhundertealten Tradition der Wehrhaftigkeit ist der Bundesrat [...] der Ansicht, dass der Armee zur Bewahrung der Unabhängigkeit und zum Schutze unserer Neutralität die wirksamsten Waffen gegeben werden müssen. Dazu gehören Atomwaffen.« Gegen diese Pläne formierte sich Widerstand in pazifistischen und sozialdemokratischen Kreisen, die 1962 und 1963 zwei Volksinitiativen gegen die Atombewaffnung zur Abstimmung brachten, aber beide Male an der Urne scheiterten. Im Vorfeld erschien in Inseraten der Aufruf »Keine Atomwaffen!«, der dem Wahnwitz des Wettrüstens eine »Front der Vernunft« entgegenstellen wollte, unterzeichnet u. a. von Karl Barth, Max Bill, Hans Bösch, Friedrich Dürrenmatt, Hermann Hesse, Kurt Marti und Otto F. Walter, aber nicht von Max Frisch. – Offiziell wurden die Pläne erst 1988 aufgegeben.

16 »Chlöpfe«: Schweizerdeutsch für »einen *Chlapf* geben bzw. verursachen; im Allg. entsprechend den nhd. knallen, klatschen, krachen, knacken« (*Schweizerisches Idiotikon* III, Sp. 671).

17 Barry Goldwater (1909-1998), US-Senator aus Arizona, der bei der Präsidentschaftswahl 1964 für die Republikanische Partei gegen den amtierenden Präsidenten Lyndon B. Johnson antrat und deutlich verlor. Er war ein Rechtsaußen und hatte u. a. gegen das Bürgerrechtsgesetz zur Aufhebung der Rassentrennung gestimmt (*Civil Rights Act*, 1964).

18 Siehe auch den Eintrag zum Hass im *Tagebuch 1966-1971* (GW 6, S. 196 f.).

19 Jaros bzw. Gyaros, unwirtliche (und heute unbewohnte)

Insel der nördlichen Kykladen in der Ägäis, auf der unter der griechischen Militärdiktatur (1967-1974) politische Gefangene inhaftiert wurden.

20 Frisch war 1965 in Israel gewesen, als er den *Jerusalem Prize for the Freedom of the Individual in Society* erhalten und die erste offizielle deutschsprachige Rede in Jerusalem seit Bestehen des Staates Israel gehalten hatte (›*Jerusalempreis-Rede*‹, GW 5, S. 360 f.).

21 Bartolomé de Las Casas (c.1484-1566), *Kurzgefasster Bericht von der Verwüstung der Westindischen Länder*, 1966 herausgegeben von Hans Magnus Enzensberger im Insel Verlag.

22 Lyndon B. Johnson (1908-1973), 1963-1969 Präsident der USA.

23 Im September 1967 gab es in Bern eine von der »Nationalen Aktion gegen die Überfremdung von Volk und Heimat« veranstaltete Kundgebung.

24 Frischs Büchner-Preis-Rede von 1958 endet mit dem Aufruf an die Kunst, »ein immer wieder zu leistender Bann gegen die Abstraktion [zu sein], gegen die Ideologie und ihre tödlichen Fronten, die nicht bekämpft werden können mit dem Todesmut des einzelnen; sie können nur zersetzt werden durch die Arbeit jedes einzelnen an seinem Ort.« (GW 4, S. 243)

25 Gemeint ist die Rede bei der Verleihung des Schillerpreises des Landes Baden-Württemberg am 13.11.1965 (GW 5, S. 362-369).

26 Über dieses Zerwürfnis gibt es eine Notiz, die ursprünglich ins *Tagebuch 1966-1971* aufgenommen werden sollte, aber bei den Lektoratsarbeiten mit Uwe Johnson wegfiel: »ZÜRICH, ENDE SEPTEMBER Krach mit Regisseur Rudolf Noelte, der alle politischen Aspekte eliminiert und jedesmal mit Abreise droht, wenn der Autor sich nicht fügt. Ich ziehe mein Stück zurück. Schaden für das Schauspielhaus (nach Gerücht) 150000 Franken. P. S. Rudolf Noelte wird prozessieren.« (Max Frisch / Uwe Johnson, *Der Briefwechsel 1964-1983*, S. 294) Tatsächlich strengte Noelte einen Prozess gegen Frisch und den Suhrkamp Verlag an und klag-

te einen Anspruch auf Mitautorschaft ein, unterlag aber vier Jahre später in letzter Instanz.

27 In seiner Rede auf der Frankfurter Dramaturgentagung 1964, *Der Autor und das Theater*, sagte Frisch: »Selbst die Poesie des Absurden, das sich ihm zu entziehen scheint, bestätigt das Politische des Theaters; das Publikum, das sich im Absurden befriedigt, müsste einen Diktator entzücken: es will keine Aufklärung von Ursachen, sondern genießen, was es ängstigt, Urlaub in apokalyptischer Gartenlaube …« (GW 5, S. 341; siehe auch die Bemerkung über Ionesco im Gespräch mit Bienek, S. 42 im vorliegenden Band). – Zur *Kahlen Sängerin* als einer Wohltat siehe die Stelle in der *Schillerpreis-Rede* GW 5, S. 365.

28 Nach dem Militärputsch in Griechenland im April 1967 stellte die NATO, namentlich die USA, ihre Militärhilfe für Griechenland zwar anfänglich ein, nahm sie aber nach dem Sechstagekrieg im Juni 1967 in begrenztem Ausmaß allmählich wieder auf, da das NATO-Mitglied Griechenland geostrategisch für das Bündnis von größter Bedeutung war.

29 Das gilt insbesondere für die Stücke *Die Chinesische Mauer* (1946/1955/1965/1972), *Graf Öderland* (1951/1956/1961), *Don Juan oder Die Liebe zur Geometrie* (1953/1962) und *Biografie: Ein Spiel* (1968/1984).

30 Siehe vor allem das *Verhör I*, das mit der Frage beginnt: »Wie stehst du zur Gewalt als Mittel im politischen Kampf?« (GW 6, S. 64-74)

31 Das Gedicht *Zuversicht* von Günter Eich: »In Saloniki / weiß ich einen, der mich liest, / und in Bad Nauheim. / Das sind schon zwei.« Die Igelwörter entstammen dem Gedicht *Ryoanji*, das mit den Zeilen endet: »[…] wir lehren unsere Töchter und Söhne die Igelwörter / und halten auf Unordnung, / unseren Freunden misslingt die Welt.« (*Gesammelte Werke* I, S. 166 und S. 172) Beide Gedichte stehen in der Sammlung *Anlässe und Steingärten* von 1966.

32 So Dmitrij Zatonskij in *Der Romanschriftsteller Max Frisch*: »Und dennoch ist Frisch eher ein Träumer, ein romanti-

scher Moralist als der Anhänger einer bestimmten ideologischen Konzeption.« (Zitiert nach: *Max Frisch in der Sowjetunion. Materialien zur Rezeption*, hrsg. von Frank Göbler, Mainz: Liber, 1991, S. 143)

33 Eine ganz ähnliche Bemerkung fällt im *Berliner Journal* zu Gesprächen mit Verlagsleuten in der DDR im Mai 1973: »Krankheitserscheinungen der kapitalistischen Gesellschaft, was ich vorlege, und ihrerseits die philiströse Gewissheit, dass es in ihrer neuen Gesellschaft diese Probleme gar nicht mehr gibt, und warum interessiert es denn die Leser hier? Warum wollen sie es denn drucken: mein Identitätsproblem aus der bürgerlichen Vorzeit?« (*Aus dem Berliner Journal*, S. 143)

34 Nach seiner Ausweisung aus der Sowjetunion Anfang 1974 (Ende 1973 war *Der Archipel Gulag* in Paris erschienen) kam der Literaturnobelpreisträger Alexander Solschenizyn über die BRD nach Zürich, wo ihm ein großer Empfang bereitet wurde. Die NZZ kommentierte: »Ist es nicht bemerkenswert, dass sich der große russische Schriftsteller für unser Land entschieden hat, das für so manche einheimische Literaten nur noch Zielscheibe einseitiger, verquälter Kritik ist?« (NZZ, 14.03.1974, Morgenausgabe Nr. 122, S. 21) Wenig später übersiedelte Solschenizyn in die USA.

35 *Akme*, griech.: »Spitze, Schärfe, Schneide«; »höchster Grad einer Sache, Blüte, Reife, Vollkraft«; »entscheidender Augenblick, rechte, angemessene Zeit« (Wilhelm Gemoll, *Griechisch-deutsches Schul- und Handwörterbuch*, S. 25).

36 Siehe die Passagen zur »Vereinigung Freitod« und ihrem »Handbuch« im *Tagebuch 1966-1971* (passim).

37 Im November 1977, inmitten der hitzigen Nachgefechte des »Deutschen Herbsts«, hielt Frisch eine Rede vor den Delegierten des SPD-Parteitages, in Anwesenheit der damaligen Parteigranden Herbert Wehner, Willy Brandt und Kanzler Helmut Schmidt. Er bezog Stellung zu Ursachen und Folgen des Terrorismus – nicht mit Rezepten, aber mit drei Fragen (GW 7, S. 34-39). Ein Ausschnitt der Rede ist im Film *Deutschland im Herbst* (1978) zu sehen.

38 Peter Bichsel dachte in seinem Essay *Das Ende der Schweizer*

Unschuld über die Gründe und Hintergründe der Zürcher Jugendunruhen nach (DER SPIEGEL 1-2/1981, S. 108 f.). Die Entgegnung von Willy Linder, Ressortleiter Wirtschaft, erschien in der NZZ vom 10./11.01.1981 unter dem Titel *Bundesrat Ritschard im Jammertal der Bundesfinanzen oder: Das Ende der Unschuld des Peter Bichsel.*

39 Jean Tailleur, der zusammen mit Michèle Tailleur für Gallimard das *Tagebuch 1966-1971* und *Montauk* übersetzt hat.

40 Siehe GW 6, S. 636-649.

41 Richard Dindos Film *Max Frisch, Journal* I-III. *Eine filmische Lektüre der Erzählung »Montauk« (1975) unter Anlehnung an das »Tagebuch 1946-1949« und das »Tagebuch 1966-1971«* kam 1981 in die Kinos.

42 In einem Statement für den Film *Ingeborg Bachmann in ihrem erstgeborenen Land* sagte Bachmann im Juni 1973 im Zusammenhang mit dem Terror in Italien und ihrem Roman *Malina*: »[...] ich habe schon vorher darüber nachgedacht, wo fängt der Faschismus an. Er fängt nicht an mit den ersten Bomben, die geworfen werden, er fängt nicht an mit dem Terror, über den man schreiben kann, in jeder Zeitung. Er fängt an in Beziehungen zwischen Menschen. Der Faschismus ist das erste in der Beziehung zwischen einem Mann und einer Frau [...]« (*Wir müssen wahre Sätze finden. Gespräche und Interviews*, S. 144).

43 Das *Triptychon* erschien 1978 zunächst nur als Buch und war nach dem Willen Frischs für die Bühne vorläufig gesperrt. Als Gründe nannte er in einem Interview mit Peter Rüedi nicht nur seine generellen Schwierigkeiten mit dem Theater seit Mitte der sechziger Jahre, sondern auch seine Arbeitshypothese, er schreibe Dialoge und nicht ein Theaterstück: »Die vorläufige Aufführungssperre ist also nicht etwas Pathetisches, sondern ich möchte mir Ruhe einräumen. Und ich möchte auch das nicht mehr: dass ein neues Stück da ist, auf den Markt kommt, irgendeine Bühne meint es spielen zu müssen, im Grunde findet es sie gar nicht so gut, aber sie wollen eine Uraufführung haben und die andere will es auch, und diesen ganzen Marktrummel wollte ich

mir einmal ersparen. Wenn jemand kommt, der sieht, wie man das machen könnte, dann, warum nicht? Aber vorläufig ist es einfach mal ein Lesetext.« (»Die lange Ewigkeit des Gewesenen. Max Frisch schrieb ein Stück vom Tod, das nicht gespielt wird – Der Autor im Gespräch mit Peter Rüedi«, in: DEUTSCHE ZEITUNG, 21.04.1978, Nr. 17, S. 15) Die deutschsprachige Erstaufführung fand erst 1981 in Wien statt.

44 Der Kontext des Satzes ist nicht unerheblich. Er fällt im Bericht über ein Interview mit einem »Mann von einer erbärmlichen Zeitung«: »WHAT ARE YOU GOING TO WRITE NEXT, PLAY OR NOVEL OR ANOTHER DIARY? Ich werde vergnügt, weil das immer die letzte Frage ist, mindestens die vorletzte. Ich sage der amerikanischen Öffentlichkeit: Leben ist langweilig, ich mache Erfahrungen nur noch, wenn ich schreibe. Eigentlich kein Witz; er lacht trotzdem.« (GW 6, S. 624)

45 Die letzten Worte von Brechts Schauspiel *Im Dickicht der Städte* (*Werke* [Berliner und Frankfurter Ausgabe] 1, S. 497).

46 Das *Triptychon* wurde am 09. 10. 1979 in französischer Übersetzung im Centre dramatique de Lausanne uraufgeführt.

47 Der Regisseur Johannes Schaaf und der Bühnenbildner Wilfried Minks saßen ab 1980 am Schauspiel Frankfurt im Direktorium eines sogenannten »Mitbestimmungsmodells«, das nach internen Querelen 1981 aufgelöst wurde.

48 Die Zürcher Jugendunruhen entzündeten sich 1980 daran, dass die Behörden einen Millionenkredit vorsahen für die Sanierung des Opernhauses, aber Forderungen nach einem autonomen Jugendzentrum und Räumen für alternative Kultur ablehnten. Nach den »Opernhauskrawallen« Ende Mai 1980, in denen die Polizei massiv einschritt, setzten sich die Unruhen nicht nur in Zürich fort, sondern griffen auch auf andere Städte über.

49 Die Bemerkung betrifft Ernst Leisis Artikel »Die Kunst der Insinuation. Bemerkungen zu Max Frischs ›Dienstbüchlein‹«, erschienen in der NZZ vom 20.09.1974. Er ist ebenso wie Frischs Brief an Fred Luchsinger nachzule-

sen in dem von Walter Schmitz herausgegebenen Band *Über Max Frisch II*, S. 407-418.

50 Reto Hännys Bericht *Zürich, Anfang September*, der auf Druck der Geschäftsleitung nicht im TAGES-ANZEIGER-MAGAZIN veröffentlicht werden durfte, erschien 1981 bei Suhrkamp als Buch.

51 Siehe z. B. die Einträge zur Eifersucht im *Tagebuch 1946-1949* (GW 2, S. 713-719).

52 Heute ist Armand Schulthess (1901-1972), dessen Werk unmittelbar nach seinem Tod von den Erben fast restlos zerstört wurde, als Künstler anerkannt. Schon 1972 stellte Harald Szeemann Ingeborg Lüschers Dokumentation über Schulthess an der *documenta 5* in Kassel aus.

53 Der Vorschlag bestand darin, anlässlich der Landesausstellung 1964 »eine Musterstadt oder Versuchsstadt aufzustellen, die Gelegenheit bietet, alle lebenswichtigen Probleme unserer Existenz gemäß den neuesten Erkenntnissen in Angriff zu nehmen«, und zwar mit dem Anspruch, »Ausdruck der schweizerischen Demokratie im 20. Jahrhundert zu sein, nicht mehr und nicht weniger«. (GW 3, S. 318 f.)

54 Gemeint ist der Text *Überfremdung 1* (GW 5, S. 374-376), der 1965 als Vorwort zu Alexander J. Seilers Dokumentarfilmbuch *Siamo italiani – Die Italiener. Gespräche mit italienischen Arbeitern in der Schweiz* erschien. Er beginnt mit dem berühmten Satz: »Ein kleines Herrenvolk sieht sich in Gefahr: man hat Arbeitskräfte gerufen, und es kommen Menschen.«

55 Der Vortrag *Überfremdung 2* (GW 5, S. 377-399) wurde am 01.09. 1966 im Großratssaal von Luzern gehalten.

56 Frischs Replik auf Staigers Rede *Literatur und Öffentlichkeit*, gehalten bei der Entgegennahme des Literaturpreises der Stadt Zürich, trug den Titel »Endlich darf man es wieder sagen« und erschien in der WELTWOCHE vom 24. 12. 1966. Frisch warf Staiger insbesondere vor, er habe die zeitgenössische Literatur »ohne jeden Beleg, ohne Namen, ohne Haft, ohne Unterscheidung« diskreditiert und der Literatur die Aufgabe zugewiesen, »der jeweils herrschenden Gesellschaft ein heiles Leitbild zu dichten« (zitiert nach: *Spra-*

che im technischen Zeitalter 22/1967, S. 108 f.; siehe auch die Stelle im *Tagebuch 1966-1971*, GW 6, S. 54 f.).

57 Gemeint ist die Erzählung *Blaubart* (1982).

58 Dankesrede *Wir hoffen*, gehalten am 19.09.1976 in der Frankfurter Paulskirche (GW 7, S. 7-19).

59 Der Festvortrag mit dem Titel *Max Frisch in zeitlicher Folge* wurde am 14.05.1981, am Vorabend des 70. Geburtstags von Max Frisch, in der Aula der ETH Zürich gehalten und ist nachzulesen in: Hans Mayer, *Aufklärung heute. Reden und Vorträge 1978-1984*, S. 159-174, hier S. 162.

60 Gemeint ist die Erzählung *Blaubart* (1982).

61 Es handelte sich um einen Prozess vor einem Zürcher Geschworenengericht Anfang 1980 gegen einen Goldschmied, der des Mordes an seiner Ehefrau angeklagt war und aus Mangel an Beweisen freigesprochen wurde. Frisch verfolgte fast den gesamten Prozess.

62 Frisch war in den dreißiger Jahren mit der Berliner Jüdin Käte Rubensohn (1914-1998) liiert.

63 Von der Erzählung *Der Mensch erscheint im Holozän* (1979) entstanden mehr als ein Dutzend Fassungen. Erste Entwürfe gehen auf den Sommer 1972 zurück, zuerst unter dem Titel *Regen*, dann unter dem Titel *Klima*. Im März 1974 glaubte Frisch die Arbeit an der Erzählung abgeschlossen und reichte sie beim Verlag ein. Im *Berliner Journal* notiert er dazu: »KLIMA (Erzählung) an den Verlag geschickt, dann in Frankfurt (6. 3.) zum Geburtstag von Helene Ritzerfeld, Lektorat-Gespräche mit Unseld und Elisabeth Borchers freundlich. Es ist, glaube ich, schwierig für sie. Termine und alles vereinbart. Zwei Tage später, wieder in Berlin, ziehe ich das Manuskript zurück. Ich habe kein Urteil mehr.« (*Berliner Journal*, S. 165) Die erhalten gebliebenen Typoskripte der verschiedenen Textstufen liegen im Max Frisch-Archiv an der ETH-Bibliothek Zürich.

64 Siehe GW 2, S. 556-561 (*Burleske*).

65 1951/52 hielt sich Frisch als Stipendiat der Rockefeller-Stiftung in den USA auf, insbesondere in New York.

66 Der Übersetzer hieß Michael Bullock.

67 Siehe GW 2, S. 369-371 (*Du sollst dir kein Bildnis machen*).

68 Der Brief von Brecht an Frisch vom Juli 1948 ist abgedruckt in GW 2, S. 766 f. Es geht darin um das Stück *Als der Krieg zu Ende war* (1949). Das Original befindet sich im Max Frisch-Archiv an der ETH-Bibliothek Zürich.

69 1947 musste sich Brecht in Washington vor dem *Komitee für unamerikanische Umtriebe* (*House Un-American Activities Committee*) zum Verdacht äußern, Mitglied einer kommunistischen Partei zu sein. Tags darauf verließ er die USA und flog nach Europa.

70 Im Original: »La noblesse de la littérature est simplement d'exister, sans avoir à fournir une justification.« (»Max Frisch: la subversion par l'écriture«, Interview mit Michel Contat, in: *Le Monde Dimanche*, 19. 09. 1982, S. X)

71 Trudy von Meyenburg (1916-2009), die Frisch 1942 heiratete (Scheidung 1959).

72 Es haben sich aber offenbar nur zwei Gedichte von Max Frisch erhalten: ein Gedicht mit dem Titel *An ein venezianisches Weinglas*, das am 19. 01. 1936 in den BASLER NACHRICHTEN erschien, und ein unveröffentlichtes Gedicht *Trunkener Heimweg*, mutmaßlich aus dem Jahr 1943, das im Max Frisch-Archiv an der ETH-Bibliothek Zürich einsehbar ist. Zu Frischs Haltung gegenüber der Lyrik siehe auch den Eintrag *Zur Lyrik* im *Tagebuch 1946-1949* (GW 2, S. 537-543).

73 Frisch zitiert diese Anekdote auch im *Tagebuch 1946-1949* (GW 2, S. 606).

74 Ausspruch von Lenz im Streitgespräch mit Kaufmann (Büchner, *Werke und Briefe* [Münchner Ausgabe], S. 144).

75 Eigentlich eine Rückübersetzung des englischsprachigen Titels *I'm not Stiller* (Übers.: Michael Bullock), an dem Frisch großen Gefallen fand.

76 Siehe Sören Kierkegaard, *Entweder / Oder*, Zweiter Teil, Düsseldorf: Diederichs, 1957, S. 275 f.

77 Leitmotivisch wiederholter Satz in Strindbergs *Traumspiel* (1901).

78 Der Satz lässt sich bei Walter Benjamin nicht belegen. Mit-

unter wird er Max Frisch selbst zugeschrieben, der ihn mehrfach zitiert hat, etwa im *Schwarzen Quadrat* von 1981 (S. 75). In Adornos *Noten zur Literatur* wird »Der Artist als Statthalter« und der Geist als »Statthalter der Utopie« bezeichnet (1, 173 und 2, 41).

79 Frischs Bericht der Reise im Herbst 1975 erschien unter dem Titel *Nein, Mao habe ich nicht gesehen* am 09.02.1976 im SPIEGEL (GW 6, S. 757-784).

80 Nach der Sandinistischen Revolution 1979 vollzog sich in Nicaragua ein politischer, sozialer und wirtschaftlicher Wandel, dem die Solidarität der internationalen Linken galt, zumal als von US-Präsident Ronald Reagan Sanktionen gegen die Sandinisten verhängt und deren Gegenspieler, die Contras, finanziert wurden. In der Schweiz entbrannte eine intensive Debatte über Nicaragua, als die Contras 1986 Schweizer Entwicklungshelfer ermordeten und Hilfsprojekte angriffen. Im selben Jahr erhielt Frisch den amerikanischen *Neustadt International Prize for Literature* und spendete das Preisgeld in Höhe von 25 000 Dollar, um eine Dorfschule in Nicaragua zu bauen.

81 Frisch gehörte in der Sowjetunion zu den am meisten rezipierten deutschsprachigen Schriftstellern seiner Zeit. Das gilt insbesondere für die Dramen (ausgenommen *Andorra*) und die Romane. Die Tagebücher hingegen durften zensurbedingt nur in Auswahl erscheinen, namentlich wegen der Berichte über die Reisen in die Sowjetunion.

82 Eine Abschrift des Textes fand sich bei Frischs Sekretärin Rosemarie Primault und wurde 2010 unter dem Titel *Entwürfe zu einem dritten Tagebuch* veröffentlicht.

83 Siehe die Reiseaufzeichnungen im *Tagebuch 1966-1971* (GW 6, S. 143-146 und S. 153-155).

84 Siehe die Einträge zu Warschau im *Tagebuch 1946-1949* (GW 2, S. 606-617).

85 NA war die Abkürzung für »Nationale Aktion gegen die Überfremdung von Volk und Heimat«, eine 1961 gegründete rechtspopulistische Partei. Heute heißt sie »Schweizer Demokraten«.

86 Landammann von Uri in der Gründungszeit der Schweizer Eidgenossenschaft.

87 Zitat aus Bertolt Brechts *Tuiroman* (1933-1935): »Unsichtbar macht sich die Dummheit, indem sie sehr große Ausmaße annimmt.« (*Werke* 17, S. 95)

88 Zitat aus dem 1937 entstandenen Prosastück *Weinhaus Wolf* (*Gesammelte Werke* 5, S. 1310).

89 André Gide war 1936 in die Sowjetunion gereist und hatte nach seiner Rückkehr den desillusionierten Bericht *Retour de l'U. R. S. S.* publiziert, für den er von der prosowjetischen Linken scharf angegriffen wurde.

90 Benedettis Gedichtband *Letras de emergencia* (1969-1973) enthält ein Vorwort mit dem Titel »Canto libre y arte de emergencia«, also »Freies Lied und Notkunst«.

91 Im Gedicht *An die Nachgeborenen* heißt es: »Ich vermochte nur wenig. Aber die Herrschenden / Saßen ohne mich sicherer, das hoffte ich.« (*Werke* 12, S. 86)

92 Das Streitgespräch zwischen Frisch und Furgler fand 1978 in der Sendung *unter uns gesagt* … des Schweizer Fernsehens unter der Leitung von Heiner Gautschy statt. Es ist nachzusehen unter https://www.youtube.com/watch?v=vpfhM2Q_TVo.

93 1985 entstand in der Schweiz eine Kontroverse um chilenische Flüchtlinge, die aus ihrem Kirchenasyl in Zürich-Seebach ausgewiesen werden sollten. Frisch protestierte dagegen mit einem Brief, der im TAGES-ANZEIGER vom 01. 11. 1985 abgedruckt wurde. Darin heißt es: »›Die Rechtslage ist klar‹, so unterrichtet Frau Kopp – als könnte man unter ein und demselben Recht nicht auch anders handeln – und versteigt sich als derzeitige Vorsteherin von Justiz und Polizei zu der lapidaren Maxime: ›Gegen rechtsstaatliches Handeln gibt es keine Legitimation zum Widerstand.‹ Somit auch keine Legitimation zum intellektuellen Protest, keine Legitimation zum religiösen Widerstand, keine Legitimation zu humanen Aktionen. So weit sind wir.« Auch Dürrenmatt protestierte mit einem Telegramm an Bundesrätin Elisabeth Kopp.

94 *Last Aid. The Medical Dimensions of Nuclear War*, International Physicians for the Prevention of Nuclear War, 1982 in San Francisco erschienen.

95 Eduard von Steiger (1881-1962) war von 1941-1951 Bundesrat und als Vorsteher des Justiz- und Polizeidepartements für die Flüchtlingspolitik der Schweiz im Zweiten Weltkrieg zuständig. Berühmt geworden sind seine 1942 gesprochenen Sätze: »Wer ein schon stark besetztes, kleines Rettungsboot mit beschränktem Fassungsvermögen und ebenso beschränkten Vorräten zu kommandieren hat, indessen Tausende von Opfern einer Schiffskatastrophe nach Rettung schreien, muss hart scheinen, wenn er nicht alle aufnehmen kann. Und doch ist er noch menschlich, wenn er beizeiten vor falschen Hoffnungen warnt und wenigstens die schon Aufgenommenen zu retten sucht.«

96 1984 gründeten Peter und Heidi Zuber die »Aktion für abgewiesene Asylbewerber« (AAA) und riefen in Zeitungsinseraten dazu auf, abgewiesene Asylsuchende als private Gäste aufzunehmen. Das Ehepaar wurde wegen illegaler Beherbergung Abgewiesener zu Gefängnisstrafen verurteilt.

97 Zu Frischs Auseinandersetzung mit Tolstoi im Zusammenhang mit (zaristischer) Staatsgewalt siehe das *Verhör I* im *Tagebuch 1966-1971* (GW 6, S. 64-74).

98 Gemeint sein könnte der offene Brief an den französischen Kulturminister André Malraux vom November 1960, den Frisch gemeinsam mit Alfred Andersch initiierte und in dem er sich mit französischen Intellektuellen in ihrem Protest gegen den Algerienkrieg solidarisierte.

99 1972 wurde bekannt, dass in der Moorlandschaft von Rothenthurm im Kanton Schwyz ein Waffenplatz gebaut werden sollte. Dagegen erhob sich erbitterter Widerstand, der in der Annahme der eidgenössischen Volksinitiative »Zum Schutz der Moore – Rothenthurm-Initiative« 1987 gipfelte.

100 Am 18. 10. 1982 hielt Max Frisch im Großmünster in Zürich die Totenrede für seinen Freund Peter Noll (1926-1982). In den *Entwürfen zu einem dritten Tagebuch* beschreibt

er, wie er ihm bei einem Abendessen unmittelbar nach dessen Krebsdiagnose das Versprechen dazu gab: »Während wir dann auf die Rechnung warten und eine Pause entsteht, kommt er auf seine Bitte zurück, dass ich ihm eine Totenrede halte drüben im Großmünster. DU HAST JA NOCH ETWAS ZEIT, lacht er mit Blick in meine Augen. Als endlich die Rechnung bezahlt ist und meine Bedenkfrist abgelaufen, gebe ich ihm das Versprechen.« (S. 11) Die Totenrede ist nachzulesen in Nolls Tagebuch *Diktate über Sterben und Tod* (1984), das Frisch herausgab.

101 Gemeint ist das fünfteilige Fernsehgespräch *Max Frisch, Erzähler*, 1985 aufgezeichnet in Berzona; Gesprächspartner: Philippe Pilliod. Mitschnitte davon sind im Max Frisch-Archiv an der ETH-Bibliothek Zürich einsehbar.

102 Im Text *Max Frisch, beim Wiederlesen oder: Vom Schreiben in Ich-Form* (1975), in: *Über Max Frisch* II, S. 14.

103 Die aargauische Gemeinde Kaiseraugst am schweizerischen Rheinufer war lange Zeit als Standort für ein Atomkraftwerk vorgesehen, doch stieß das Projekt auf heftigen Widerstand bei Bevölkerung und Umweltschützern und wurde schließlich 1988 aufgegeben.

104 Alfred Gilgen (*1930), 1971-1995 Regierungsrat und Erziehungsdirektor des Kantons Zürich. Er war ein Feindbild für eine ganze Generation von Jugendlichen und Linken.

105 Frisch hat diese Begegnung mehrfach geschildert, etwa im *Tagebuch 1946-1949* (*Pfannenstiel*, GW 2, S. 496-499).

106 Der erste Roman war *Jürg Reinhart* (1934), zu dem sich Frisch aber später nicht mehr recht bekennen mochte. *J'adore ce qui me brûle oder Die Schwierigen* (1943) war sein viertes Buch.

107 Gemeint ist das Gedicht *Harar 1936* (*Werke* 4, S. 362 f.). Albin Zollinger trug es, neben anderen Texten, am Sonntag, 03.05.1936, an einer Matinée des Lesezirkels Hottingen im Zürcher Rathaus vor. Max Frisch schrieb darüber für den TAGES-ANZEIGER (08.05.1936); siehe auch die Erinnerung in GW 4, S. 268 f.

108 Stein des Anstoßes war Fredi Lerchs Rezension von Reto

Hännys Roman *Flug* (1985) mit dem Titel »Die Versuhrkampung des Sprachrebellen von Tschappina«, in: WOZ, Nr. 40, 04.10.1985, S. 21 f. Aus Protest kündigte Adolf Muschg daraufhin in einem Leserbrief sein WOZ-Abonnement.

109 Niklaus Meienberg hatte 1983 in der WOZ unter dem Titel »Ein Werkstattbesuch bei zwei hiesigen Subrealisten« einen Verriss von Otto F. Walters Roman *Das Staunen der Schlafwandler am Ende der Nacht* und Thomas Koerfers Film *Glut* veröffentlicht und ihnen mangelnden Realismus vorgeworfen. Daraus entspann sich die sogenannte »Realismusdebatte«, in der Meienberg ganz auf sich gestellt war und den Gram seiner Kollegen auf sich zog. Zwei Monate später bilanzierte er im Artikel »Da taar me nöd« die Ablehnung: »Nachdem in den großen Zeitungen alle Besprechungen hierzulande sehr positiv für Walter gewesen sind, komme ich abschließend zur Überzeugung: das Delikt ist der Dissens.« (Niklaus Meienberg, *Der wissenschaftliche Spazierstock*, S. 85)

110 Im Nachgang zu seiner Teilnahme am Congrès Mondial des Intellectuels pour la Paix in Wrocław 1948, den er aus Verärgerung über die Sowjetpropaganda vorzeitig verlassen hatte, wurde Frisch in der Schweizer Presse scharf attackiert (siehe Julian Schütt, *Max Frisch. Biographie eines Aufstiegs*, S. 397-405).

111 Gemeint ist Beatrice von Matts Artikel »Endzeitfiguren« über das Spätwerk von Max Frisch (NZZ, 10./11.05.1986, Nr. 106, S. 67), auch nachzulesen in *Mein Name ist Frisch*, S. 114-121.

112 Im Sommer 1989 beging die offizielle Schweiz das fünfzigjährige Jubiläum der Kriegsmobilmachung von 1939. Die Aktion war nicht nur deshalb umstritten, weil sie, europaweit einzigartig, den Kriegsausbruch feierte, sondern auch, weil sie im Vorfeld der Abstimmung über die Armeeabschaffung vom Herbst 1989 stattfand.

113 Der Film aus dem Jahr 1976 erzählt von acht Frauen und Männern um die dreißig, die ihre revolutionären Hoffnun-

gen enttäuscht sehen und ihre kollektiven Sehnsüchte auf den neugeborenen Jonas projizieren – der im Jahr 2000 25 Jahre alt sein wird.

114 Karl Schmid hatte Frisch in seiner 1963 erschienenen Studie *Unbehagen im Kleinstaat* ein ganzes Kapitel gewidmet und bei ihm die schweizspezifische Malaise einer zwanghaften Ausbruchsfantasie diagnostiziert, die aber letztlich über eine innere Emigration nicht hinauskommt.

115 1991 feierte die Eidgenossenschaft den 700. Jahrestag des Bundesbriefs von 1291. Von vielen Kulturschaffenden wurde der Anlass boykottiert (»700 Jahre sind genug«), auch unter dem Eindruck der sogenannten »Fichen-Affäre«. Frisch erlebte die Feierlichkeiten nicht mehr, aber die WOZ veröffentlichte im Vorfeld einen Brief von ihm an Marco Solari, den Delegierten des Bundesrates für das Jubiläum, der Frisch zu einer offiziellen Feier hatte einladen wollen. Darin fällt das berühmte Wort vom »verluderten Staat« und das Bekenntnis: »was mich mit diesem Staat heute noch verbindet: ein Reisepass (den ich nicht mehr brauchen werde.)« Das Original des Briefs befindet sich im Max Frisch-Archiv an der ETH-Bibliothek Zürich.

Nachweise

»Gespräch mit einem jungen Autor«, in: NEUE ZÜRCHER ZEITUNG, 14. 10. 1934, Nr. 1837, S. c6.

»[Jede Zeit hat ihre ideologischen Klischees]«. Unveröffentlichtes Interview von Enrico Filippini: Die Fragen wurden vom Herausgeber übersetzt nach dem italienischsprachigen und handschriftlich korrigierten Typoskript Enrico Filippinis; die Antworten sind zitiert nach dem handschriftlich korrigierten und signierten Typoskript Max Frischs; beide Typoskripte sind im Archivio Enrico Filippini presso la Biblioteca Cantonale di Locarno greifbar (AF 5.3_32).

»Werkstattgespräch mit Max Frisch«, in: Horst Bienek: *Werkstattgespräche mit Schriftstellern.* Mit 15 Photos auf Tafeln, München: Hanser, 1962, S. 21-32. Gesprächsbeitrag Horst Bienek © Carl Hanser Verlag München.

»Soll der Onkel auf die Barrikade steigen? Ein Gespräch mit dem Schriftsteller«, in: DIE WOCHE (Olten), 19.08.1964, S. 8 f.

»Wir müssen unsere Welt anders einrichten. Gespräch mit Max Frisch«, in: DIE TAT, 09. 12. 1967, S. 10 (nochmals abgedruckt in: *Leben mit dem Haß.* 21 Gespräche, hrsg. von Alfred A. Häsler, Reinbek bei Hamburg: Rowohlt, 1969, S. 40-46).

»Noch einmal anfangen können. Ein Gespräch mit Max Frisch«, in: DIE ZEIT, 22. 12. 1967, Nr. 51, S. 13.

»Rückzug auf die Poesie. Gespräch mit Max Frisch«, in: EVANGELISCHE KOMMENTARE 7, 1974, Nr. 8, S. 489-492.

»Ich singe aus Angst – das Unsagbare. Ein ZEIT-Gespräch mit Max Frisch«, in: DIE ZEIT, 17.04.1981, Nr. 17, S. 37 f. (nochmals abgedruckt in: Fritz J. Raddatz: *ZEIT-Gespräche 2*, Frankfurt/M.: Suhrkamp, 1982, S. 41-58).

»Polemik – ein Gespräch mit Max Frisch«, in: *Max Frisch. Pro Helvetia* DOSSIER, Reihe Literatur 2, Redaktion: Arthur Zimmermann, in Zusammenarbeit mit dem Service d'actions culturelles, Bern: Zytglogge Verlag, 1981, S. 39-45.

»Jedes Wort ist falsch und wahr. Der Schweizer Schriftsteller über den Sinn des Schreibens, sinnlose Geschichten, die Wahrheit und den Tod«, in: RHEINISCHER MERKUR/CHRIST UND WELT, 02.10.1981, Nr. 40. – Das Interview ist auch in Varianten bzw. Auszügen erschienen: »›Es wird Zeit, nicht bloß an den Tod zu denken, sondern davon zu reden.‹ Ein Gespräch mit dem Schriftsteller Max Frisch«, in: EXTRABLATT, Nr. 5, 6. Jg., April 1982, S. 47-50; »›Der Tod ist ein akutes Thema‹«, in: TIP MAGAZIN, Nr. 20, 24.09.-07.10.1982, S. 19.

»[Die Literatur sollte Möglichkeiten aufzeigen]«, in: THE PARIS REVIEW, Nr. 113, 1989, S. 62-89. Deutsche Übersetzung: *Die Paris Review Interviews 02*, aus dem Englischen und hrsg. von Alexandra Steffes, London/Berlin: Weltkiosk, 2014, S. 218-243. Im Original: Jodi Daynard, The Art of Fiction no. 113. © The Paris Review, 1989, used by permission of The Wylie Agency (UK) Limited.

»[Ist ein Individualist jemand, den die Gesellschaft nicht brauchen kann?]«: Zitiert nach den Typoskripten der am 05.03.1985 von Max Frisch autorisierten zweiten Version und der auf »Februar 1985« datierten ersten Version, Max Frisch-Archiv an der ETH-Bibliothek Zürich. – Zur Resonanz in westlichen Medien vgl. Wilfried Schaefer: »Max Frisch politisch einäugig? Ein Interview in der *Literaturnaja Gaseta* gibt Rätsel auf«, in: BADISCHE NEUESTE NACHRICHTEN, 08.08.1985; Uwe Engelbrecht: »›Ich bin kein Antisowjetschik‹. Max Frisch-Interview in sowjetischer Wochenzeitung«, in: BONNER GENERAL-ANZEIGER, 12.08.1985; ders.: »Der Poesie kann man nicht befehlen. Freimütiges sowjetisches Interview mit Max Frisch«, in: KÖLNER STADTANZEIGER, 13.08.1985; ders.: »Eine Gegenposition zur Macht. Die sowjetische *Literaturka* brachte ein ungewöhnliches Interview mit Max Frisch«, in: DIE PRESSE, Wien, 17.08.1985. [Anmerkung des Herausgebers: Die letzten drei aufgeführten Artikel sind trotz unterschiedlicher Titel praktisch identisch; zudem hat sich herausgestellt, dass Uwe Engelbrecht als IM »Rabe« für die Stasi gearbeitet hat.] – Zur gekürzten Fassung des Interviews, die in der Schweizer Presse erschien, vgl. »›Ein neutrales Land ist kein Taubstummenheim‹. Interview mit Max Frisch in der sowjetischen Zeitschrift *Literaturnaja Gazeta*«, in: VOLKSRECHT, 27./28.09.1985.

»Ohne Widerstand – keine Hoffnung. Fragen an Max Frisch«, in: DIE WOCHENZEITUNG, 10.10.1986, Nr. 41, S. 25-27 (nochmals abgedruckt in: Max Frisch: *Schweiz als Heimat?* Versuche über 50 Jahre, hrsg. von Walter Obschlager, Frankfurt/M.: Suhrkamp, 1990, S. 470-488).

»Ich kann mir kaum vorstellen, dass ohne politisches Bewusstsein große Literatur entsteht. Protokoll einer Begegnung mit Max Frisch – eines seiner letzten Gespräche mit einem Journalisten«, in: SONNTAGSZEITUNG, 07.04.1991, S. 19 f. (Bearbeitung: René Ammann).